友松祐也

Yuya Tomomatsu

花寺和尚の

心の花が開くとき

大法輪閣

はじめに

私は山寺で生まれ育ちました。

大杉の枝からこぼれ落ちる雪の塊。山一面のこぶしの花。蜩《ひぐらし》の鳴き声。竹林のざわめき。厚く敷き積もった枯葉の放つ懐かしい山の匂い……。子どもといえば、私と三つ違いの妹だけ。素朴なものばかりに囲まれて過ごした幼年時代でした。

保育園に通うため、町の末寺跡にある住居に移りましたが、人に慣れるのには時間がかかりました。同世代の友達ができたのは、小学校に入って少ししてからのことだったと思います。私が何でもゆっくりしているのはその頃からかもしれません。

(現在の寺は、その末寺跡に山内の寺をおよそ二十五年かけて遷したものです)

いきなり大人になってからの話になります。

私は、二十年間、高校教師を勤めさせていただいた後、退職して寺を継ぐことになりました。四十二歳でちょうど男子の厄年。文字通り転機の年齢でした。しかし、人間、どういう状況にあっても常に前向きでいなければと、自分に言い聞かせていました。

この間、お寺をはじめあちこちでの活動を通じて多くの人と出会い、多くの体験をさせていただきました。寺での「花説法」も二千回を超えました。

このような中で、考えさせられたことや感動したことは実に多く、私なりに大いに勉強になった期間でした。すばらしい出会いの数々も与えていただきました。

出会った方々の中には、苦労の甲斐あって、足元に小さな芽生えをいくつも発見した人がたくさんおられました。思いがけず、自分も驚く逆転ホームランを打ってしまった人もあります。

けれども、人間、いつもうまくいくとはかぎりません。むしろ、その方がはるかに多いのです。人生には思いがけないことが起こる。なぜこんなことになるのか。なぜ自分だけが苦しむのかと落ち込むことしばしばです。悩みのない人はいない。人生は悩みの連続です。今うまくいっているように見える人でも、つい最近まで大変な状態だったのを乗り越え、苦労しながら今日の日を迎えておられるのです。

はじめはつらいが、少し落ち着いたら勇気を出して語り、学び合うことによって、私どもは同時代に生きる友として、お互いを励ます仲になることができます。助け合うことができてこそ、人間万歳ではないでしょうか。

そこで今回、印象深かった出来事や、私がぜひお話ししたいと思って書いたものをいくつかまとめて本にさせていただきました。

私どもは、すべてが関わり合うこの広い世の中で、あるべき生き方はどのようなものかと、日々、思い悩んでいます。

・心豊かな生き方を探し求めること。

・より多くの人や命が安らかになるように祈ること。

今まで以上に、これらのことを大切にしたいものです。

単なるかけ声ではなく、より強く大らかに生きるための大目標です。今、そのような生き方をしようと、あらゆるところから呼びかけられています。自然も、われら人間仲間も、あらゆるものが、みんな大声で呼びかけ合っているのです。

・生きるための自信と力をつけること。

これも大切です。まだ立ち止まっているところでもよいのです。小さなことでも、あきらめずに心と体で関わり続けていれば、希望は必ず具体的なかたちへとその姿を変えます。心の持ち方と行動が、人生や仕事をよりよい方向に向けてくれます。

本書は、一貫して、以上のような立場で書かせていただきました。

そして、普段の生活の中に含まれている宗教的な考え方をはじめ、いろいろなことをみなさんといっしょに考えてみたいと思います。

本書に登場していただいた方々からも、**子育て、人生の開拓、生きがい**など、私どもが日々、向き合っている事柄について、直接、間接の、あるいは無言のヒントや励ましが投げかけられています。

これらのみなさんと本の中で友達になり、ありのままの生き方に触れて、何かの参考にしていただければありがたいと思います。そして、悩んだとき、立ち上がるとき、折に触れてページをめくっていただければ、私としてもこの上ないよろこびであります。

なお、本書の登場人物の方々からは、実名、仮名の場合を問わず、取り上げさせていただくにつき、すべて快諾をいただいていることを申し添えます。

目次

五　花の香り…… 163

［装丁］……清水良洋

一　育つということ

如意寺仁王門

「天気予報見てるもん」——子育てのコツ

「おはようございます」

「おはようございまーす」

毎朝、寺の前を集団登校の小学生が通る。みんなよく挨拶をしてくれる。こちらがしようと思った瞬間、先を越されることもある。

丸い顔をキッとさせて黙々歩く子。ぺちゃくちゃ楽しそうにおしゃべりしている子。朝は列を守って整然と登校するが、夕方帰るときはみんな時間が違うので、バラバラになる。一人帰る子、三々五々道草をしながら帰る子。あれではいつ家に着くのかな、と思うほど楽しんでいるグループもある。

ある午後、小学校二、三年生の数人の女の子と門の前で出くわした。

その中の一人が、

「おっちゃん、いいもん見せてあげる」

と言って、道路から境内に少し入った所にある木の下に、私を連れて行った。

その女の子がしゃがんで少し大きめの石ころをどけると、そこに真新しい五百円硬貨がピカリと光った。

「どうしたの。これ」

私が訊ねると、みんなで口々に説明し始めた。
二、三日前の帰り道、水たまりで泥遊びをしていたら、真っ黒にさびついた五百円玉を見つけたのだそうだ。中の一人のアイデアで、この寺の境内にある飲み物の自動販売機に入れ、次に返却ボタンを押して、新しい硬貨に換えたのだという。
「ふーん」私は感心してしまった。ものすごいアイデアである。

「それでどうするの」と、もう一度私は訊いた。

「みんなで考えてるの」

「じゃ、よく考えてね」

「うん」

大きくていい返事だった。そして、大事そうにお金を元の所に戻して、みんなで帰って行った。子どもはいいな、と思った。

お金を拾ったらおまわりさんに届けなさい、と言うこともできただろう。いや、はじめからピカピカのお金を拾っていたら、あの子たちは届けただろうという気がする。現にそういうことも何度かあった。

しかし、このお金は少し性質が違う。魔法の力で手に入れた宝物であり、自分たちのアイデアで作り出した特別のものなのだ。この二、三日、この子たちは秘密を共有したときめきを感じながら、寺の前を通っていたのではないだろうか。

三日ほどたって、私はそのことを思い出した。あのとき、秘密の仲間に入れてもらった私は、少し後ろめたい気持ちで、その小石をそっとつまみ上げてみた。五百円玉はもうそこにはなかった。どうしたのだろう。届けたのかもしれない。ジュースにして飲んでしまったのかもしれない。どちらでもいいと思った。子どもたちもすぐに忘れてしまうに違いない。思い出は小さくても、いっぱいあった方がいいのである。

受所の前に、五歳くらいのかわいらしい女の子が、おじいさんに手を引かれてやって来た。おじいさんにならって、小さな手を合わせて懸命に阿弥陀さんを拝んでいる。妻がお菓子を取りに行って、「どうぞ」と言って差し出した。

その子はにっこり笑って受け取ると、おじいさんの方を見上げて、

「あとでいっしょに食べようね」と言った。

おじいさんも「そうだね」と言い、ていねいに礼を言われた。まったく自然な様子で、二人の心がピッタリつながっているという雰囲気だ。たったそれだけのことだったが、なぜか余韻が残った。

「恋人か夫婦みたいですね」

妻は笑ってそう言い、二人で後ろ姿を見送った。

よい子を育てておられる、と思った。ご両親をはじめ、その家庭の落ち着いた雰囲気を感じた。

子どもは、自然に育てればいいと思う。

自然にというのは、ほっておくということではない。

「当たり前のこと」を「きっちり」と、ある時はきびしく、ある時はおだやかに、子どもに示していくということである。

まず、「身が美しい」という字を書く「躾《しつけ》」のことだが、しつけは、特別なときにまとめてやるものではない。叱りながらやるものでもない。普段の生活の中で、機会あるごとに身につけさせるものである。

家の外で社会的な活動をする場が少なくなっている時代だ。せっかく寺社へ参拝されたら、それを子どもにマナーや社会常識を教える機会の一つにもされてはどうだろうか。わずか三十分間の参拝の中にも、いろいろなことが含まれている。

・お堂に入るときにはお辞儀をし、堂内では静かに祈る。

・ポケットに手を入れたまま人と話をしない。

・「場」も「時間」も、他の人と共有するものだと知ること。

たとえばこのようなことでも、ごく自然に話し、教えることができる。

ただし、子どもに注意をする場合、「仏さんが見てるよ」と言うのはまだしも、「お坊さんに怒られるよ」とか、「危ないからよしなさい」などとスリ変えるのはよくない。

教えるべきことそのままを、親の責任できちんと教えたい。その上でのびのび育てるのがよい。ただのびのび育てたのでは、無茶苦茶になってしまうこともある。子どもが嫌がることでも、言ったり、させたりするのが子どもへの真の愛情である。

おはよう、こんにちは、さようなら、ありがとう、ごめんなさい、などの言葉は、手本を示しながらその都度言わないと身につかない。言葉は心であり、心が言葉になる。挨拶の持つ意味は深い。特に「ありがとう」、「ごめんなさい」は今日、大人でもけっこうむずかしいのである。

次に、「価値観を示す」ことが大切である。

親が子どもに説教する言葉の中で、最も多いものが、「人に迷惑をかけるな」であるらしい。たしかにその通りなのだが、この言葉自体には何の価値観もふくまれていない。

だから電車の中で化粧をしても、援助交際をしても、覚醒剤をやっても、「人に迷惑はかけていない」と、若者が言い返す場面が見られることになる。

なぜ、公衆の面前での化粧や、援助交際や覚醒剤がいけないのかは、人間のあり方や生き方との関わりの中で説明されなければならない。

・嘘をついてはいけない。
・卑怯なことをしてはいけない。
・見苦しいことをしてはいけない。
・人間性を疎外するような行為をしてはならない。

日本人の口から、このような価値をともなう言葉が、もっと使われるべきではないだろうか。もちろん、「いけないものはいけない」とつっぱねてもいい。道理をふくんだ押しつけは押しつけではなく、正しい価値の存在を示すために必要なことである。後でわかるというわかり方も、人間にはある。

言うべきことは、言うべきときに言っておきたい。気がついたときでも遅くはない。マナーを教えるのに大人が遠慮することはないのである。子どもや若者も内心それを待っているかもしれない。これらは、大人の身勝手な押しつけとはまったく異なる、とても大切なことである。

精神科医のなだいなだ氏は、

「はじめ厳しく、あとは自由にというのが理想である。社会的には常識があり、それでいてけっこうはっきりした性格を持った人格に育つ。民主主義社会の責任ある市民に育てるにはそれがいい」と、その著書で述べておられる。

逆にやると逆になるそうだ。依存的、集団的、無性格。自分でものを考えないタイプの若者が育つという。子どもに盲目的な愛情で接していると、親のきびしさもやさしさも困ったものになりかねない。最近そういう例がよく報道されている。

「しかし、だれにとっても子育てははじめてだから、その加減がわからない。はじめ、あと、といってもその境界もわかりにくい。かくして子育てはむずかしい、ということになりがちだ」このようにも書いておられる。大いにうなずける話だ。

苦労の少なくなった時代に、子どもにあえて摩擦を用意するのはよいことである。

一方で、その摩擦を乗り越える力を養える環境を与えることも必要である。その両方が大切である。道徳教育ですらやりすぎるとおかしくなることがある。

「一つ叱って、三つほめよ」とも言う。子育ては中庸を考えながらやらなければならない。

にわか雨の日の午後、数人の小学生が道路に面した仁王門で雨宿りをしていた。ちょうど通りかかった私は、子どもたちに話しかけた。

「梅雨だからいつ降るかわからないからね。あしたは傘を持って行こうな」

「ううん、大丈夫」

「どうして」

「朝、天気予報見てるもん」

大まじめな目がキラキラしている。家族でいっしょに見ているのだろう。

「今日は見なかったの」と訊くと、

「えーと」と言いながら、顔を見合わせている。

自転車を預かったり、暗くなるからと、家まで送ることもある。

そうこうしながら、もう中学生や高校生になった子どももいる。

ある祭の日、「こんにちは、これ食べて下さい」と、お赤飯を持って立ち寄ってくれた子がいた。おいしいお赤飯だった。

子どもは、親や周囲の大人たちの視線に育まれ、よりよき社会人に成長していく。

子どもの時間——豊かな心を持つために

今さら言うほどのことではないが、赤ちゃんを見ていると、本当にかわいいと思う。笑っているような表情でスヤスヤ眠っている顔は、お地蔵さまにも観音さまにも見える。両手両足を踏んばり、何かを訴えてからだ中で泣く様子もいじらしくてかわいい。

赤ちゃんや幼児は、大人にくらべてはるかに純粋で気高く、明るく、誰に対しても公平だ。人間本来のあるがままの姿は、まさに仏さまなのである。


子どもは、虫や魚をはじめ動物が大好きだ。草花もお気に入りである。子どもは仏さまなので、生きとし生けるものが大好きである。

どこの家庭でも同じなのだが、話を具体的にするためにわが家の例を書かせていただく。

次男が小学校のとき、近所の路上に落ちていたと言って、サボテンを一かけら拾ってきた。それを小さな植木鉢に植えて、窓辺で育て始めた。サボテンは元気に育ち、三年ほどたつと、取り分けて殖《ふ》やした鉢が四つになり、兄弟たちの部屋のマスコットになった。花もよく咲くし、もう孫世代になっている。

「時々、水をやるだけなのに、どうしてこんなに元気なんだろうね」

と言う母親に、中学生になった息子は、

「ぼくの愛だ」とこたえた。

三男が高校三年生の冬、一時、寮に入ることになった。そのとき、いっしょに頑張るのだと言って、サボテンの一鉢を寮に持って行った。すると友人たちが部屋に来るたびに水を遣《や》るので根が腐り、サボテンは間もなく死んでしまった。息子はブカブカの皮だけになったサボテンを残念そうに持ち帰り、裏の畑に埋めた。

彼は、親友だったそのサボテンの名前ロメオを、卒業式直前に買ってもらった携帯のメールアドレスの一部にした。当分の間、記憶にとどめておくつもりらしい。

この子は小学生の頃のある日曜日、どこに出かけたのか昼食時になっても帰って来なかった。事故に遭ったのか、それともどこかに連れ去られたのかと、家の周囲はもちろん、町中を捜した。もう思い当たるところがない。そろそろ警察に届けようと思ったとき、裏山からひょこひょこ下りてきた。訊ねてみると、三時間も虫について歩いていたという。これは家族の誰にも予想できなかった。

また、私は夕方、時間があると境内周辺の山の下刈りや庭木の手入れをする。すると、子どもたちは小さい頃、よく「お父さん、木を伐《き》ったらあかん。カンキョウハカイになる」と言った。私はそのたびに、山の木を伐ることは必ずしも環境破壊にならず、山のためになることもある、ということを説明しなければならなかった。

子どもは海も大好きである。魚釣り三昧の頃もあった。夏には外海の同じ岩場に何度も潜りに行った。それには私も参加して、三男の高校最後の夏まで続いた。深夜、蝉の羽化を家族で眺めたり、採ってきた蛍を逃がしに行ったり、鈴虫を飼ったり、カナヘビやヤモリをかわいいと言ったり、テーブルの上をぬいぐるみだらけにしたり……。

一年に二度は都会からやって来る私の姪たちも、息子たちと枯れ枝でチャンバラをしたり、蝉の抜け殻を何百も集めたり、男女十歳にしていっしょにお風呂に入ったりしてよく遊んだ。どこにもある思い出の一コマである。

子どもはもともと、命を大切にする心を持っている。普通に生活をしていれば、そういう心はどんどん育つ。それがいろいろなところに派生して子どもの心を豊かにする。他人の痛みを理解したり、人間の命を大切にするようになるのだと思う。

自然に流れ出した小川の水は、自由に流してやりたい。

もし親が何かにつけ、「汚いものを触ってはいけません」、「余計なことをしてはいけません」、「危ないことをしてはいけません」などと繰り返し言っていると、子どもは思い出の少ない子ども時代を送ってしまうかもしれない。

幼い頃に見聞きした大人の言葉や態度は、子どもの体の奥深くにしまいこまれる。

そして、よいものもそうでないものも、考え方や行動の癖として残りやすい。

できるだけ枠を取り外してやることで、子どもは自立心を養ったり、愉快な思い出をたくさん作ったりすることができるのではないだろうか。

一流大学を出て一流官庁に入った青年たちが、夜、飲み屋で盛り上がっていた。それを同じ店で目撃した友人がいる。まだ数年前のことである。

「あいつはいばっているが、小学校のとき、四谷大塚（進学塾）でオレより成績が下だった」というような話題が多かったとか。

気晴らしの雑談なので、何を話してもよいのだが、少年時代の思い出話としては、あまりにさみしい気がする。

いきなり世代がとぶが、定年後あるいは老年になって何かをやろうというとき、子どもの頃にわずかでも体験したことの中から選ぶことが多いという。ならば、この青年たちは老後どのような豊かな時間を持つのだろう。人生はそんな単純なものではないと思うので、私ごときが心配する必要はないのだが、その話を聞いたとき、ふとそう感じた。

ところで、子どもの二十四時間を親が把握できるのは、保育園に入るまでのことである。子どもは親の気づかないところで、たくさんの事件に出会ったり、いろいろな悩みをかかえたりしている。そして、程度の差こそあれ、その大部分を自分で処理していく。

親はわかっているつもりでも、子どもの世界はもっと広い。だから子どもにとって、ゆったりとした自由な時間は何よりの宝なのである。

次男が四年生のとき、教室の窓からぼんやり外を見ていると、通りかかった六年生の女子の一団から、「あっ、青春してる」と言われたとか。家に帰ってから、母親に「あれって、どういう意味なの」と訊いていたのが、つい先日のようだ。

子どもを認めてやろうと思えば、親は子どもに合わせてペースを落とすことが必要になる。大人がゆったりと動いていると、子どもは安らいだ気持ちになる。子どもが安らいでいると、大人も安らぐ。それがわかっていながら、つい反対のことを言ったりする。現代は親も子もつらい時代である。

忙しすぎて人や自然との触れ合いが少なくなると、元気がなくなるし、想像力も衰える。ある時は外で友達と遊び、ある時は自分の世界でぼんやり過ごす。そういう中で、心に新しい力がわいてくる。また頑張ろうと思えてくる。

考えてみれば、子どもも大人も同じだ。子どもを見ていると、いろいろなことに気づかされる。

親も大人も伝えることのできない、人間にとって大切なことの多くを、子どもは自分の時間の中で学ぶ。大人はそういう場と時間を作ってやりたい。それをどのように使うかは子どもが主役だ。かけがえのない子どもの時間を、大人は簡単に奪ってはならないのである。

子どもたちも忙しい時代である。しかし、一方で豊かな時間を持ってほしい。若者たちは、社会に出るとすぐに大きな荒波が待っている。子どもの頃に蓄えた力を存分に生かして、たくましい心を持った大人になってほしいと願うのである。

親のひとこと――心の基礎体力作り

親は子に、物心両面でたくさんのものを手渡しながら育てる。まず、体と愛情。次に食物、住居、経済的支援、心の健康、生きていく上での智恵……。たくさんある。子どもが産まれたら親の権利は十分の一に、義務は十倍になるという。どれをとっても大変で、経済的な面では特にきびしい時代だ。しかし、この中で、最後にあげた二つが特に大切ではないかと思う。

〈心の健康〉と〈生きていく上でのさまざまな智恵やアドバイス〉

いずれも、子どもの内面への援助である。

三十五歳で悟りを開かれたお釈迦さまは、八十歳で入滅されるまでの四十五年間にわたって、ガンジス河流域を中心に伝道の旅をされた。釈尊（お釈迦さま）一行は訪れた村で法を説き、仏法を広める。その代わり、村人たちは一行に食物の布施《ふせ》をした。

あるとき、一人の村人が釈尊に訊ねた。

「私たちは毎日、田畑を耕して働いているのに、あなた方はそのような労働をしないのですか」すると、釈尊は、

「私たちは田畑は耕さないが、法（真理）を説いて人の生きる道を示し、人の心を耕しているのです」と答えられた。

村人は、釈尊に食物の「布施」をして、釈尊は村人に「法施《ほうせ》（法の布施）」をする。互いの得意分野で助け合っているのである。

友人間にも「法施」はある。

釈尊は、良き友の条件として次の四つをあげておられる。（『六方礼経《ろっぽうらいきょう》』）
一、力を与え、助けてくれる。
二、苦楽を共にし、困ったときも見捨てない。秘密を守ってくれる。
三、思いやりがあり、ためを思ってくれる。悪を防ぎ、善に入らせる。
四、利益を考え同情してくれる。さげすみや、ねたみの心を持たず、弁護してくれる。
『徒然草』の兼好法師も、良き友の条件として次の三つをあげている。

一には、物くるゝ友。二には、医師《くすし》。三には、智恵ある友。の三つである。困っているときの、友人ならではの援助や「ひとこと」。これらは何にもましてありがたい。立派な故事格言を引用せずとも、その人なりの体験から生まれたささやかなアドバイスや励ましは、どれほどうれしいことだろう。

前提に愛情と理解が必要であることは言うまでもないが、若者を応援する親や大人の「ひとこと」について、書かせていただく。ささやかな例である。

私の友人のY君は、子煩悩だが賢明かつクールである。

彼の高校生になる息子さんは進学クラスにいるので、補習授業や毎日の課題が大変だそうだ。学校の指導で、二年生になるとクラブ活動はやめて、勉強一本にしぼらないといけないらしい。ところが小学校時代から野球大好きの息子さんは、高校でも野球部に入っている。自転車通学なので通学に時間がかかり、帰宅が九時近くになることも多い。それでも頑張って授業の課題をこなす努力をしている。当然ながら、部活をやめたくないと言う。

Y君は言った。「やめなくていい。先生に頼んでやる。できるかぎり学校に迎えにも行ってやる。連絡しやすいよう携帯を持て。これも先生にお願いしてみる」

そのときの息子さんの顔が忘れられないと言う。

そして、実際そのようにした。クラブはやめない。禁止の携帯を特別許可する。いずれも学校の方針には合っていない。子どもへの信頼があってこそできることで、子どももその信頼は簡単には裏切れない。柔軟な対応をされた学校の理解にも敬意を表したい。

「今にしかできんことがある。子どもには、三年の夏にはスパートをかけよと言ってある。ナニ、行きたい大学があれば、浪人してもかまわんと、わしは思っとる」

子どもに対する彼の自信ある態度と言葉は、この信念と度胸に裏づけられていた。

私事で恐縮だが、私にも大学時代のクラブ活動についての記憶がある。春夏冬の休みは寺がちょうどいろいろな行事で忙しく、私はすぐに帰省しなければならなかった。そのため長期休暇にクラブ活動や旅行など、まとまったことができなかった。残念、という思いがやはりある。

長男も次男も大学入学が決まったとき、私は彼らをそれぞれに呼んで言った。

「大学では、クラブに入るといい。入った以上、一生懸命やれ。一生の友達を作ることができるし、人間関係を学ぶのにもいい。忙しかったり役員になったりして、休暇に帰れなくてもよい。どうしてもというときは、ぜひ頼む。が、とにかく四年間は勉強、読書、運動などやりたいことを真剣にやるように」

私が長男にこのことを言ったとき、妻は近くで聞いていたらしい。話が終わって、息子が妻の方に行ったとき、「よかったわね」と声をかけた。すると息子は、「うん」とうなずいたという。

長男はテニス同好会に入った。クジ運が悪かったのか、二年の終わりに会長になった。練習の他にも、計画作りや人間関係でけっこう悩むらしい。

「試合に勝ったという話をあまり聞かんのは、そのせいか」と訊いたら、息子はニヤリと笑顔を見せた。

中学でカヌーをやった次男は、血が騒いだらしく、大学ではボート部に入部した。無口だったはずの彼が艇庫でみんなと合宿をしたり、八人一組で大川《おおかわ》を漕ぐ姿はあまり想像できなかった。電話で「真っ黒になったよ」と言う低い声を聞いても、最初は私も半信半疑だった。

私の「ひとこと」は役立ったのだろうか。いや、まったく関係なかったかもしれない。たぶんそうだろう。しかし、故郷を離れてやっている自分を、親が理解してくれていると思うだけで、心はより解放され、家族の絆《きずな》を感じながら頑張れるのではないだろうか。後で振り返れば短い青春時代である。その限られた時間、若者はいろいろな体験をしてほしいものである。

子どもの言うようにせよ、ということではもちろんない。長男が小学校の頃から全国的にテレビゲーム機が大流行したが、ついに買わなかった。三人の子どもたちは野遊びや釣りや工作や野球などをして小学校、中学校時代を過ごした。せがまれたが携帯電話も買わなかった。

「他のこともできたし、ゲームはなくてよかったと思う」

高校卒業近く、三人がそれぞれに述懐してくれた。携帯についてはノーコメントだった。もう一つ。私は高校時代、家から離れて過ごした。やむをえない事情もあった。新しい友人ができたり、いろいろな経験をして、よいこともあった。しかし、入学した頃の夜など、一人で下宿にいると、とてもさみしかった。この年ごろは、家族への精神的依存度はまだまだ高い。家族といれば、その日にあったことや、たわいのない話をすることもできる。困ったとき、タイムリーなアドバイスももらえる。同じ屋根の下に家族がいるというだけで、どれほど心強いことか。これは大人の想像以上ではないかと思う。

私は自分に子どもができたら、事情がゆるすかぎり十八歳までは手元におこうと決めていた。何《ど》の道、別れなければならない日はすぐにくる。親がいるということ、しかも、いっしょにいるということ。これは思春期までの子どもに対して、親ができる最高の法施ではないだろうか。

考え方にもよるので断定はできない。そして、これはぜいたくな話でもある。そうしたくてもできないこともあるからだ。いっしょに住みたくても住めない事情があるとか、親もいない、ということも実は多い。だから条件のある人は、そのことに感謝しなければならない。当然のように同居し、しかも、けんかばかりしたり、口もきかないというような話を聞くと、本当にもったいないことだと思う。

親子が同じ家に暮らしていても、毎日顔を合わすことができない場合もある。会えなくてもその分、親はより強い想像力をはたらかせて、子どもを見つめたいものである。

京都のある寺の老僧のお話である。明治の頃、ある貧しい農家の息子が、このままではどうにもならん、東京へ出ようと考えた。親に反対されるのがわかっていたので、気づかれないようにと、ある朝早く起きた。すると母親がすでに起きていて、赤飯を炊いていた。それを弁当につめてそっと差し出し、黙って送り出してくれたのだという。感動的な旅立ちだった。この人が立身出世を遂げ、立派な人になったのは言うまでもない。これは「無言の法施」と言うべきだろう。

明治の母親は、カルチャーセンターの子育て教室へ行くでもなく、育児書を読むわけでもない。一日中、野良《のら》仕事で忙しいし、一般に子だくさんだ。少ない数の子どもにべったりくっついて世話をやいている現代とは正反対である。しかし、子どもが何を考えているかを、日頃からしっかりと見ている。

親が子に、ほんとうに残せるものは何であろうか。

ある女性画家が、「私はものがきれいに見える目をつけて産んでもらったことを、両親に感謝しています」と言っておられた。金品は使えばなくなるが、これはいくら使っても減るどころかますます輝きを増す宝である。才能か環境か努力か、そのいずれもか、私にはよくわからない。しかし、これも立派な遺産であろう。世の中、見えないものの方が確かな価値を持っている場合が多いのである。

私がここで言いたいのはもっと一般的なことである。

家庭の中においても、一人ひとりを認め、よい点は褒《ほ》め合う。言いたいことは言い、許し合い、失敗してもいいと思える心を養う。そして、家族とはいいもんだなあと思えるようになれば、少々つらいときでも頑張れる。私はこれを「心の基礎体力作り」と呼んでいる。どこかでいつもにらみ合っているようなのが一番いけない。

親も人間である。弱さも人間くささも出しながら頑張る。立派なことを言わなくても、懸命に生きている生《なま》の人間の姿を見せる。これが最高の家庭教育ではないだろうか。

親だけでなく、他の大人もその姿を子どもたちに見せなければならない。大人も展望を示せない今日、子どもや若者が迷うのも無理はない。夢のある未来を描いて子どもたちに手渡したい。社会人、人生の先輩として、私ども大人の責任は大きいのである。

子育てに特別の公式があるわけではない。大人は、「自分が子どもだった頃を思い出し、目の前の子どもを信じ、未来の子どもを思い描いて」育てたいものだ。

タイツリソウ

二　若い人たちへ

若者だって大変だ

――何をやってもうまくいかない女性の話

若いときは誰でも、自分のことや身近なことに、とても敏感である。性格や容姿、自分が人からどう見られているか、誰がどう言ったかなど、実際以上に大きな意味を持って感じられる。背丈よりも大きく生い茂ったすすきの原っぱの真ん中をさ迷っているようなもので、無防備な心や体に小さな傷がいっぱいつく。どっちに行けばいいのかもわからない。小さなことでも大失敗に思える。自分はいつも運が悪いのだと、落ち込む。こういう経験は誰もがしている。

十九歳のこの女性は、高校卒業後、勤めた会社を三ヶ月で辞めてアルバイトをしている。彼女より少し年上の彼氏は、「そんな根性のないヤツはダメだ」と言って去ってしまった。その直後、事故で車をつぶして借金をつくった。会社を辞めたことはまずかったと内心思っている彼女は、事故のことを親に言い出しにくい。これ以上心配はかけられないのだ。

そのためアルバイトにも身が入らず、悶々とした日々を送っていた。

「根性のない君に愛想をつかした彼はなかなか立派な男だね。君はまた彼に会いたいと思っているんじゃないの」と、私は言った。

「ええ、ぜひとも」と彼女。

「でも今のままじゃ会ってもらえそうもないな。もっとしっかりしないと」

「男はほかにもたくさんいるじゃん」

隣にいた友達の一人が、無邪気な声を出す。十八歳だそうだ。

「いるけど、今のいい加減な君たちとつき合ってくれる男は、みんないい加減な男ばかりだよ。それでもいいの」私は二人に向かって言う。

「……アー　そうか」最初の彼女は大きな口を開けてうなずいた。さすが十九歳である。

「自分を磨かないと、いい彼氏はできないし、仕事もうまくいかない。同じレベルにいたんじゃや、ちっとも前に進めないと思うけどな」

「どうしたら磨けるんですか」

それから彼女の失敗談を種に、みんなで話し合った。

〈アルバイトに無断で遅刻したこと〉

「上司や同僚の立場に立ってごらん。忙しいときに、来るのか来んのかわからん人を待つ気分はどんなだろうね。これではイザというとき、誰も君の味方になってくれない。給料が安いと君は言うけど、現実の社会は残念ながら、若い人がたくさん稼げるようにはなっていない。教えてもらう立場だからね。お金は大切だけど、金額の多い少ないは考えないで、早く仕事を覚えて信頼してもらわないと。そしたら、給料も自然に上がるよ」

〈事故による借金のこと〉

「大金とは言っても、中古の軽自動車をつぶしたくらいなら、大人だったらなんとかなる。親にすべてを話して相談しなさい。無理をするとますます傷が広がる。世の中、落とし穴だらけだからね。困ったときは信頼できる人を選んで、智恵を借りる。自分を守るためだから意地は張らないこと。気がかりはできるだけ早く片づけて、仕事に集中しなければ」

〈他にもいくつか〉……

「君は健康そうだし、家族も友達もいる。追いつめられたと言っても、相談に来る勇気も心の余裕もあった。とてもいいと思うよ。自分に自信を持てばいい。君はさっき言っていたけど、ゼロでもマイナスでもない。充分プラスのところにいるんだから」

「えっ、プラスですか。もう全然マイナスだと思ってました」

十九歳の顔は急に明るくなった。

今まで何でもあわてて決めては、後悔していたそうだ。

「それに、失敗したことばかり考えて、同じところをグルグルまわってばかりで……」

いろいろ思い出したようで、また、しんみりしてしまった。

終わりに、今日話し合ったことをさらに二つにまとめてみんなで再確認し、解散することにした。
・両親に全部話して相談すること。
・自分をもっと大切にする。自分が納得するまで、軽はずみなことをしない。
「今度からいろいろ見渡して頑張ってみます」

しんみりだったのが、再び、しっかりになった。私としては、まだ少し不安だったが、最後の言葉を信用することにした。若くて、明るくて、前向き。

まったく大丈夫である。

スタートライン――この世は自由に生きればいい

若い人たちと話しているとき、自信がなさそうな素振りだったので、「これでいい、と開き直っていこうよ」と言ったら、逆襲された。

「これでいいとは思っていません」

「もっと性格をよくしたいです」

「絶対、ビッグになりたい」

マイッタ！と思った。この調子でどんどん進んでいくんだろうなあ、とまぶしかった。

十代後半にもなると、社会で活躍している人たちの姿が見えてくる。有名人や芸能人に憧れるようにもなる。少しずつだが自分が客観的に見えるようになり、やりたいことも具体的になってくる。今のままではいけないと考えた結果が、先のような言葉になる。

これらの言葉は決して「今の自分」を否定した言葉ではない。否定するのでなく、「今の自分」を肯定して、その上に新しい自分を積み重ねていくのである。

出発点がなければどこへも行けない。今日まで生きてきた「このままの自分」をまず認めて、そこからスタートする。最初考えていたこととは、まったく違う方向に進んだとしても、出発点があったおかげであり、「あのときの自分」を否定したのではない。開き直って頑張ったから、それに利子がついて成長したのである。能力も大切だが、それ以上に物事を恐れない自由な人の方が、ビッグに向かって進んでいけるようである。


一方、「今の自分」をどうしても肯定できなくなった人もある。

心ない言葉を投げられて、自信を失うこともある。生き馬の目を抜くような世の中を見て、足がすくむこともある。その結果、心の病になったり外に出かけられなくなったりする。理由がよくわからないこともある。

私が知っている中で、子ども時代の過ごし方を少し間違えて、生きていく力を弱くしてしまった人がいる。

その人は東京に住む女性だが、彼女は子どもの頃から勉強がとてもよくできた。周囲も期待したし、本人もその気だった。常にトップを目指せと言われ、次から次へと課題をこなしていった。そして、とうとう目指す難関大に合格。卒業後、希望通りのよい就職先を決めることができた。

しかし、彼女は、やった！という気分になれなかった。人づき合いの要領もよくわからない。人は楽しそうにやっているのに、自分は一生懸命やっても評価されない。ほんのわずかなことを指摘されただけでも、全人格を否定されたように感じて落ち込む。とても傷つきやすいのである。

おまけに、何をしてもさみしくて落ち着かない。そんな気持ちは年を追うごとに強くなり、自分が本当は何がやりたいのかもわからなくなった。大都会の真ん中で、彼女はとうとう混乱する。そして、せっかくの仕事もやめてしまうのである。

彼女は子どもの頃、友達と遊んだり、一人で気ままに過ごしたり、反抗したりということがほとんどなかった。褒められることもなかった。感情のない受験マシーンのような青春時代を送ってしまったのだ。自分が何に向いているかなど考えたこともなく、いつも星の数ほどある他人や世間を尺度にしてきた。しかし、それではいつまでたっても心が安らぐことはないし、自分で考えることもできない。これは想像以上につらい体験だった。

ご相談を受けていろいろお話しした後、私はご両親にいくつかのことについて、最大限の協力をお願いした。その後も二、三度お会いすることがあった。

時間はもう少しかかるだろうが、急ぐのはよくない。忘れてきたものは取りに戻ればいいのである。いくつになってもかまわない。飛ばしてしまったものは、もう一度埋めなおしておかないと、人間は前に進めないようになっている。

その後、「今、二人で静かに暮らしています」という電話が、お母さんからあった。家族で、あちこちに出かけるのだそうだ。彼女が子どもに戻って甘えている姿が、頭に浮かんだ。そうに違いないと思った。今のうちに精いっぱい甘えに甘えてほしい。ご両親は信じて見守ってあげてほしい。そして、自己肯定感を持ち、自然を美しいと感じることのできる心を取り戻す日を、待ってあげてほしいと思うのである。

この女性は、いわゆる「引きこもり」ではない。しかし、本人にとっても、ご家族にとっても、つらいことにおいて何ら変わることはない。

「引きこもり」は、病気ではなく現象であると言われている。普通の人でも、疲れたときは二、三日引きこもった方がいいくらいである。

専門書などによると、できる子として自尊心を肥大化させてきたこと、自立に対する強迫観念を植えつけられたことなどが、主な原因だという。「自立」が、事あるごとに叫ばれる〈自立社会〉の落とし穴だというのである。いろいろなケースがあるようなので、一概には言えないかもしれないが。

強そうに見えても、人間は軟らかで弱い生きものである。個人差も大きい。ここでも、一人ひとりの違いを大切にし、ゆったり生きることのできる社会が望まれている。

ほかにも、いろいろな体験を持つ若い人と対話をさせていただいている。みなさん、物事をとてもまじめに考えておられ、そういう見方もあるのか、と驚くことがある。

進路を決めるときも、悩まない人はいない。はじめは、自分に何の力も適性もないような気がする。しかし、何もない人はいない。好きなこと、できそうなことが必ず見つかる。ゆっくりでよい。希望だけでもよい。願いが定まるにつれ、人生がゆっくりと動き始める。願いを見つけるのが人生ではないだろうか。

いきなり道元禅師に登場していただくが、師は「人生は無目的である。どのように生きてもよい」と、ありがたいことを言われている。誤解を恐れずに言うなら、この世は自由に生きればよいのである。実は、この言葉は人間の根本に関わる、とても深い意味を持っている。

ある精神科の先生が患者の方に、「私はもう六十になりますが、いまだに何のために生まれてきたのかよくわからんのですよ」と話されたそうだ。

「それで十年来の心のつかえが少し溶けて大分楽になりました。それまでは、そんな子どもみたいなこと、今さら誰にも訊けないと思っていたんです」

と、小学生の子どもを三人持つある若いお母さんは、私に話して下さった。

この方は傍目《はため》にはまったくわからないのだが、心の障害をかかえて、長い間、苦しんでこられた。それでも、家族のこと、隣人のこと……どれも精いっぱいやろうと、懸命に自己を制して実行してこられたのである。

私どもはまじめであるほど、何事に対しても「このようにあらねば」と考えて、自分を追い込むが、本当はそのことにもう一つ納得がいかない場合が多い。すべてが思ったようになるわけでもない。漠然とした不安やいらだちが体の変調となって表れることもある。

「人は意味を食べて生きている動物である」という言葉があったが、物事には必ずしも意味があるとはかぎらない。物事の意味を見出そうとするのはよいのだが、時にはそうでない場合もある。

頑張りすぎて疲れてしまった人に、もう一度言いたい。

「少しずつ、心の枷《かせ》を取り除こう」と。頭の上で自分を制するものは何もない。あるのは無限に広がる青空か、夜なら星空。ただそれだけだ。

二度とない人生である。「生まれてきてよかった」と思えるまで、ふんばってほしい。頑張らなくても、勝たなくてもいい。ありのままでいてほしい。大きな会社でもどんどん倒産する時代である。なんとかそのままであり続けることが、どれほどすごいことか、わかるのではないだろうか。〝スローライフ〟という言葉は、人間と自然とのつながりをもう一度見直そうとする、前向きな考え方だと思うのである。

人生はそれほど悪くはない。少しの遠回りくらい何でもなかったよ、と言えるほどの長さは十分にある。私はそう信じている。

各駅停車で確実に
――トンネルから抜け出したM君の七年

「おぎゃー」と産まれるのが一回目。

二回目の誕生は、思春期の深い谷間にかかる丸太橋を渡るときである。十四、五歳だ。この頃、心も体も、子どもから大人へと大きく変化する。たいていの人はその橋を渡ったことにすら気づかず、自然に大人の世界へ足を踏み入れていく。

しかし、ここで手間取ることもある。

「下を見るな」

丸太橋を渡っていると、渡り終えた大人たちから声がかかる。目をつむってゆっくり歩く人もいるが、怖いもの見たさで下を見てしまうこともある。ここで立ち往生したり、下まで落ちてしまうと、後が少々面倒になる。

心理学者の河合隼雄氏は、このあたりの話をよく書いておられ、勉強になる。

M君がまさにそうだった。

M君は、少年野球でピッチャーをやり、児童会の役員もした。成績もトップグループだった。友達もたくさんいたし、中一までは快調だった。

しかし、中二になってから何かが変わり始めた。友達と話が合わず、輪の中に入っていけなくなった。友達がみんなで、自分のことを話しているような気がするのだ。

教室にいるのがつらくなり、学校を休みがちになった。クラブもやめた。成績も下がり始めた。

両親が口うるさいとか、家庭に何かプレッシャーがあったということはないようなのである。このことは、後日、M君も認めている。お医者さんの治療も受け始めた。この頃、お父さんに連れられて寺へやって来たのである。

M君はその後も、よく電話をかけてきた。一人で電車に乗って来ることもあった。両親の示してくれる理解にとても感謝し、親に申し訳ないとよく言った。親と病院の先生と私だけが頼りだと言って、来るたびにいろいろな話をしては帰って行った。

なんとか第一希望の高校に入学したが、なかなかよくならなかった。

ノートの文字を活字のように書かなければ気がすまなかったり、勉強どころではなかった。心は真っ暗な空を飛んでいるようで、身の置き場のない気分だった。

以前、私が何度かお会いしたことのある教育学者の方が言われていたことがある。スクスクと何の問題もなく成長した「強火型《つよび》」の子どもは、程度の差はあっても、一度は落ちるそうだ。小学生のとき、二十代、あるいは三十歳になってからということもある。すぐに立ち直ることも、しばらく時間がかかることもある。人間はそういう負《ふ》の体験をすることによって、スピードを落とし、失われたものを取り返すのだろうか。

M君もそうなのかもしれなかった。

「ボクは小さい頃から何事にも全力投球で、適当にやるとか、手を抜くということがなかったように思います」

「父は、どこか少し違う子だったよ、と話してくれました」

「どうして自分だけこうなってしまったのでしょうか」

M君はいつも真剣だったし、話も理路整然としていた。

もっと気楽にやれよ、というようなことは何度も言ったが、几帳面《きちょうめん》さは変わらなかった。いろいろ相談した結果、最後はM君が自分で決意して、夜間定時制高校に転校することになった。

転校後、M君はだんだん明るくなっていった。

「この学校を選んだのはとてもよかったです。仲間の年齢差は大きいですが、みんな思いやりがあります。身構えなくていいし」

「担任の先生は、話のできる、とてもよい先生です」

「運転免許を取りに行くことにしました」

いろいろ話をしてくれるM君は、新しい環境で少しずつ元気を取り戻していった。中学時代や高校入学の頃は、将来は地理学を学びたいという希望を持っていた。今は大学はあきらめたけれど、やりたいことが出てくるのをじっくり待ちます、と話してくれた。

卒業を半年後にひかえた九月、軽自動車を買ってもらったM君は、ご両親と三人で久しぶりに寺を訪ねてくれた。少し大人《おとな》びた顔になったが、表情はやわらかだった。

「神様は一体、ボクに何を言いたかったのでしょうね。それが知りたくて」

問いかけるM君の表情はやはり真剣だった。

何事もなく橋を渡るのは悪いことではない。しかし、時間をかけて渡れば人に見えなかった景色も見えるはずである。走ることが幸せだなどと、今日、本当に信じている人は少ないと思う。苦しんで回り道をした分、やさしく強くなれる。

私はご両親の方に向きなおって、言わずもがなのことを言った。

「大変なお子さんに当たってしまいましたね。いろいろな当たりがありますが、理由などわかりません。これも一つの出会いだと考えましょうよ」

お母さんは花のように微笑《ほほえ》まれた。

私は本当にそう考えている。人間の内奥はわからないことだらけだ。できるかぎりのことはするが、その瞬間が過ぎるたびに、すべては消えていく。克服したと考えるか、初めからないと考えるか、前向きに生きる者にとっては同じことである。今を懸命に生きることによって、人は救われなければならない。

「運転に慣れたら一人でも来ます」

別れ際、M君は助手席でニコリと笑った。

約二ヶ月後、M君は話したいことがあると言って電話をしてきた。

翌日、待っていると、昼前になって巻き寿司といなり寿司を手みやげに、一人でやって来た。妻がおすましを作ってくれた。二人で食べながら、その後の話を聞いた。

「……ボクは実は憧れている人がありました。前の高校の女の先生で、今は少し離れた学校へ転勤されているのです。何年かぶりなので会いたくなって、昨日、学校へ行っていろいろ話してきました。先生には好きな人がいるんですか、と訊いたら、いるよ、と言われました。そして、好きなものを買ったりスキーに行ったり、結構、普通にやっておられるんだな、と思いました。髪は後ろでさりげなく結んで、さっぱりとした服装で仕事をしておられました。

そのとき、ボクはとても変な気持ちになったんです。先生は仕事も生活もこんなに自然にこなしておられる。若い普通の女性としていろいろなことをして楽しんでいる。ボクは今まで一体何をしていたのだろう。こんなふうに生きたらいいんじゃないかって、思ったんです。少しずつ積み上げていくのもいいけど、こういうわかり方もいいな、と思って、そのことを先生に早く報告したかったんです」

M君は淡い恋心を感じた七つ年上の先生のてらいのない生き方に、共感する心の余裕が生まれたようである。自分の心を、他人のそれを見るように見ている。自我の分裂である。M君は大人の世界へ足を踏み入れたのである。

「小学校の頃は、何でもパーフェクトにやらないと気がすみませんでした。勉強も運動もできたし、悪いことはしてはいけないと思い込んでいて、純粋で真っ白でした。褒められると、その〝いい場所〟を守るためにまた頑張りました。

ほかも自分の足元もまったく見えませんでしたから、友達とも話が合いません。やったことが評価されないので学校に行きたくないし、勉強する気も起こりません。それで、アイドルを応援したり変な宗教に行きかけたりしました。親はさぞかし困っただろうと思います」

私は大阪の二十歳の女性が書いた新聞の投書の切り抜きを、M君に見せた。

「十代の頃は、自分の容姿や服装や人のことが気になってならなかった。電車に乗っても、前に座っている人を正面から見ることもできなかったくらい。毀《こわ》れやすいガラスのような心のつらい毎日だった。

しかし、今、大学に入って、やさしい家族や周りの人に囲まれて楽しくやっている。自分がいとおしくてたまらない。社会福祉のことも自分なりに大分わかってきた。木々の葉のざわめきや陽の光のすばらしさもわかってきた。

悩むときは大いに悩め。必ずトンネルから抜け出ることができる。悩めば悩むほど、抜け出たときの光はすばらしい」

「ボクは大学へは行けなかったけど、とてもよくわかります。〝木々の葉のざわめき……〟のところも。この紙もらっていいですか」

M君は切り抜きをポケットにしまい、マイカーで帰って行った。

卒業式の一週間前、M君はまた報告に来てくれた。

「卒業できることに決まりました。体が慣れるまでアルバイトをやることにしました。忙しくてしばらく来れないかもしれませんが、予定通り頑張ります。ありがとうございました」

「ゆっくりな」

「ゆっくりですね」

M君は、ゆっくりと門の外へ消えた。七年間の一区切りの日だった。

M君、本当におめでとう。

私の赤い糸——よき伴侶との出会いの場を広げよう

教え子の青年の仲人《なこうど》をすることがあった。

その世代も二十代後半となり、多くは結婚していた。その中で、元気にやってはいるが、結婚となると噂もその気もまったくなさそうな男女二人、T君とCさんのことが、私は少々気になっていた。

たまたま、この二人に合いそうだと思える人が頭に浮かんだので、会ってみないかとそれぞれに電話をした。承諾を取りつけ、まずCさんにある男性の写真を送ったところ、「どうも私には……」という返事だった。

T君の方も、私が特に強くお願いして、実際に会ってもらうところまでいったのだが、結果は同じだった。

「同じクラスのあの人も、つい先日、同じようなことがあったんだよ」と、それぞれの情報を余談として二人に電話で伝え、一連の事柄は空しく終了した。

そして、約半年がたった。

ある晩、T君から電話があった。

「先生、僕、結婚することになりました。相手は先生のよくご存じの人です。今、代わります……」

想像もつかんなあと思ったとたん、私の耳に入ってきたのは、Cさんののんびりした声だった。

「ご無沙汰しています、先生」

（あっ、この二人はピッタリだ。なぜ、気がつかなかったんだろう）

瞬間、事態を理解した私は、「シマッタ！」と思った。

二人をよく知っている私なのだから、初めからこの二人に、どうだねと声をかけていれば、彼らはとっくにゴールインしていたかもしれなかった。いや、こればかりはそういうものでもないかなどと、短い間に半年前のことが一気によみがえってきた。

私は自責の念を懸命に押さえながら、心からの祝意を述べた。本当にうれしかった。

半年前の私の電話でお互いの近況を知った二人は、大阪の会社がお互い近かったこともあり何度か会った。いろいろ話すうちに、お互いを生涯の伴侶と認め合うようになったという。

さわやかイメージのこの二人は、それぞれよい友人に囲まれて、よい高校時代を過ごした。どちらのご両親も教育熱心だったが、子どもたちの成長をゆっくり見守る、というふうだった。クラスメートの二人はなんとなく似ているのだ。

ドラマ風に言えば、「真実は凡庸な人間のウカツなはからいを超えて現れ」たわけで、これは二人の必然的な出会いと言うべきだった。私はただぼんやりと見ていたのである。

「きっかけを与えてもらった先生にぜひ仲人を」と言う二人に、私は「ゼミの教授か職場の上司に頼むものだ」と言って固辞した。一度は、わかりました、と言ったものの、数日後、どなたも都合がつかなくて、とウソかホントかわからないような説明がT君からあり、結局、私が引き受けることになった。

式のため、妻と前泊したホテルのロビーで、本人たちとご両親を交えて静かな時間を持つことができた。

彼女はいつもの淡々とした口調で呟《つぶや》いた。

「明日結婚するってウソみたいです。この人はと思う人に、今まで一度も巡り合いませんでした。私の赤い糸の人は、どこかで交通事故に遭って亡くなっているのかなあと、ずっと思っていました」

多くの未婚の女性はこのような思いを胸に抱きながら、日々、忙しく生活しているのではないだろうか、私はふとそう思った。彼はやさしい眼差しを彼女に向けたままだった。ところで、私が坊主頭でモーニングを着て、花嫁とヴァージンロードを歩く姿はどう見えただろうか。娘のいない私としては、よい思い出をもらったと二人に感謝している次第である。

伴侶に出会うのも、決断するのもむずかしい。それに、夫となり妻となるだけで話はすまない。親となり、家族を持ち、社会の一員として肩の荷は重くなる。

もちろん好きでなければ始まらないし、好きになればその他のことはすべてゼロになるということもある。しかし、長い人生のことだ。いざともなれば、引っ込み思案になるのもムリはない。

ひところ、女性が結婚相手に対してあげる条件に、「三高」というのがあった。

ある結婚情報サービス会社が独身女性にアンケートしたところ、「夫の交友関係」、「夫は子どもが好きか」、「夫はギャンブルをするか」などが最も気になるという人が多く、いずれも五割を超える高い率だった。

それに対し、「三高」のうち「年収」は三割強、「学歴」と「身長」はともに一割で、いずれも下位。なかなかしっかりした回答だと思った。

こんな話があった。ある映画監督が挙式を終え、多忙なので短い新婚旅行に出かけるため、二人で下りの新幹線に乗った。新妻は先程から、東京駅で買ってきた雑誌をめくっている。やがて車窓にくっきりと富士山が見えてきたので、監督は妻に言葉をかけた。

「見事な富士だね」

「あら、そう」

彼女は雑誌から目を離すこともなく、気のない返事をしたという。

人はどのようなとき、どのような気持ちを持つのか。それがわからなければ何歳になっても大人とは呼べない。共感の心も、わかろうという素振りもない彼女の美しいのっぺりとした顔にすべてを読みとった監督は、次の駅でサッサと降りて東京に帰ったのだそうだ。

これがよいというわけではないが、学ぶべき逸話である。

一般的な話に戻るが、人はみな好みも価値観も異なる。はじめから細かいことにまで共感できる人がたくさんいるはずがない。しかし、それは当たり前である。結婚生活の成否はスタート時にすべて決まってしまうのでなく、二人で努力して、よりよい方向に作り変えていくものである。これから結婚しようという人は、出会いの場をできるだけ広げ、よき伴侶を見つけてほしいと思うのである。


一年後、T君とCさんに赤ちゃんが産まれた。うちの子どもたちが気に入っていてボロボロにしてしまったのと同じ『マンガ日本・世界昔話』全集の新版を、探し求めてお祝いに贈った。二年後、次男が誕生した。

他と比較することを好まず、自分たちのリズムのまま、仕事と子育て真っ最中の若い一家を、そのままそのままと、心の中で励ましている。

五年でヘンシーン！——したいことをする、本当の若者たち

Dさんは、母親一人の手で育てられた。

母親は小さな店を開いていたが、家計は苦しかった。しかし、子どもにさみしい思いをさせてはいけないと、時間を作って子どもと鬼ごっこをしたり、はしゃいだりしていっしょに遊んだ。勉強もよく見てやったし、手伝いもさせた。食事のときにはいろいろな話をした。母親の愛情をいっぱいに受けて育った彼女は、我慢強くやさしい女性に育った。

小学校以来、いろいろな先生から、将来は教職についてはどうかと助言を受けた。自分もそう考えるようになったが、現実はきびしかった。

高校を卒業すると、働きながら学ぶ三部制の短大に進学した。夕方まで工場で働き、そのあと短大へかけつける。十時前に寮に帰る。それから食事をすませて洗濯をし、勉強して寝る。そんな生活を三年送った。体力的にも限界だったし、人間関係も大変だった。辞

めていく人もあった。差別的な言動を受けたこともあった。たまに帰省したときには、そんな話をして母親と手を握り合って泣いたこともある。母親から預金通帳も見せてもらう。続けるしかないと、そのたびに思った。

同級生はたいてい三年たつと貯金もでき、何らかの資格も取れて、やれやれと卒業していく。しかし、彼女は夢をかなえるために、今度は四年制大学の夜間で学ぶことにした。仲間は「また同じ苦労をするつもり」とあきれた。彼女のことを知っている短大の先生方は、進学に関していろいろな助言をしてくれた。海外出張に行かれた学長から、おみやげをもらったこともあった。おかげで見事、二度目の大学生になった。その短大から進学者が出たのは開校以来のことで、以来、学長は入学式の式辞で、Dさんのことを取り上げて、新入生を励まされているという。

彼女は学生時代から、手みやげを持ってよくわが寺に立ち寄ってくれた。いろいろな体験談、明るく笑いながらも控えめな語り口、聞いていると愉快だ。しかも、自分の意見はしっかり持っている。苦労話も他人事《ひとごと》のようで、話に登場する悪者にも、それなりの理解と心くばりをしている。自分に自信ができると、人を信頼することができる。決して目立つ存在とは言えなかった十代の頃とくらべて、五年後、彼女は大きく変身したのである。

若者にとっての五年間は、短いようでずいぶん長い。念願かなって入った会社を辞めて、モデルになると宣言した女性がいる。不安定ではないかと言うと、

「憧れていた仕事をやるのは今しかありません」

とこたえる。結婚すれば、と再度足を引っ張ると、

「やりたいことに挑戦して内面を高めないと、いい人にも巡り合えませんから」

と、私がいつも言っていたようなことを言われてしまった。

その後、

「やっと、なんとか食べれるようになりました」

と言う顔は、ずいぶん引きしまり、態度も立派になっていた。何よりも歩き方が違っていた。

またある人は、大学卒業後、有名企業の社長秘書室に採用され、都心でテレビドラマに出てくるような生活をしていたが、これも三年で辞めた。そして、貯金をはたいて栄養士の学校に通い始めた。週六日、朝九時から夕方五時まで学校に通い、夜はレポートなどで忙しい学生生活をまた二年やる。

なんで今さらと、一応訊いてみた。

「このままではだめです。一生役立つ資格や技術を身につけるには、今、動くしかないと思いました」と、彼女は真顔で言った。

人が呆れるほど遊びほうけて高校時代までを過ごしたある青年は、その同じ春、三浪目に入った。まだ自分の目標に足りないのだそうだ。

大工になると宣言して大学をやめた青年は、目標を見つけて生き生きとしている。

世間の常識など何ほどのものでもない。目標を持った若者のパワーはすごいと思う。心を大きく動かした体験が、どこかであったに違いない。やりたいことに気づき、それを実現しようと行動を起こした彼らこそ本当の若者だ。青春は短くても濃密である。よい思い出も、失敗や不利な条件も、同じように人を大きくしてくれる。心配しながらも辛抱して見守っておられる親御さんも、みなさん立派だと思う。

先のDさんは大学の夜間部の頃、昼間は京都の菓子屋でアルバイトをした。終業近くになると、和菓子の空箱を積み上げて整理するのだが、いつも講義に遅刻しそうになる。そういうとき、若い現場主任がよく手伝ってくれた。はじめはシメシメと思っていたが、全部は手伝ってくれない。三十分、一時間と残っていれば、ちょうどその時間でできそうな量を残して行ってしまう。しかし、そのうちに気づいた。

「最後に見回りに来られる社長さんに、やり終えたところを見てもらえて、しかも学校に遅刻しなくていいよう、さりげなく手伝っていただいていたんです。立派な方でした」

「さすがに主任だね。だけど、若いのにそれに気づいた君もえらい。いろいろしてもらっていても、全然気づかない人が世の中には多いんだから。その調子で年をとったら、四十、八十、百、二百となるうち、ホントに素敵なおばあさんになるよ」と、私が言うと、

「私はドラキュラ伯爵ですか」と、彼女はやはり明るく笑っていた。

採用試験の狭き門を突破できなかった彼女は、その後、講師として教壇に立ち、青春を

やり直している。かつての戦友たちにもすっかり頼られている彼女は、仕事や結婚などの悩みを持つ友達に乞われて、よくあちこちに泊まりがけで出かける。

「私って、下手なカウンセラーみたいですね」

人の気持ちのよくわかる彼女は、生徒間でも人気が高いらしい。

忙しい忙しいと言いながら、ドラキュラもカウンセラーも先生も、どれも好きでたまらないようである。

以上の話に直接関係はないが、昨今、フリーターの増加が大きな問題になっている。やりたいことを見つけるまでのモラトリアムだと考える人は、十数パーセントにすぎないと聞く。本人の仕事観が未熟であるという面もあるが、問題の本質は、社会構造の変化と雇う側の利益第一の考え方にある。生きる意欲、人を愛し社会を愛する心は、仕事で身につける技術や責任感、そして、自分とは何かというアイデンティティーを確認する作業の中で育まれる。希望にあふれて社会に出ていく多くの若者に敬意をはらわないこの国の未来を私は危惧している。目先の利益からではなく、大きな立場から早急にこの問題を考えなければならない。

二十歳の再出発——子育てに行き詰まったHさん

Hさんは二十歳である。三歳年上の夫と二人の娘がいる。

高校生のとき、友人の紹介で交際を始めたのだが妊娠してしまった。そのため、学校を退学して、車で約二時間の彼の町へ嫁いで来た。現在、四人でアパートで暮らしている。親の反対を押し切っての結婚だったので、アッという間に厳しい現実の中に放りこまれた。一人目の子どもの産前産後とも、昼も夜も一生懸命に働いた。過労で倒れて入院したこともある。そして、二人目を出産した。幼児二人を育てるのは、一人目のときとくらべて何倍も大変だとわかった。

近所に知り合いはいない。高校の同級生も今は交際が途絶えている。

おまけに夫の帰りは遅い。夜は疲れているので、できるだけ負担をかけたくない。夜泣きする子をあやし、眠れない日もしばしばあった。夫も若い。相談にのってはくれるが、現実の子育ては彼女一人の肩にかかってくる。二十歳になったばかりである。家事、洗濯、買い物、あれこれのやりくり、近所づき合い……アッという間の、しかし孤独の一日。その繰り返しだった。

よくないことというのは、続くときは続く。幼いときから自分をとてもかわいがってくれていた大好きなおじさんが、交通事故で急死する。パート先でやっと話せるようになった友人が自殺する。ボーッとして歩いていて、自分も危うく車にひかれそうになった。「私はもうダメだ」と思った。

その頃からうつの症状が出始めた。過食と拒食を繰り返し、とうとう病院に運び込まれ、今回は大変だったのである。幸いなことに、近くに越してきた夫の兄夫婦が、助けになってくれたのはありがたかった。今日もいっしょに来てくれている。

この退院を機に、さすがに心の整理をしようと考えた。

亡くなったおじさんからもらったぬいぐるみやウエットスーツは処分することにした。思い出だけにすることにしたのである。

頼まれて、私がご供養した。知人の死が重なったのは、偶然だと考えることにした。いいことだって重なるはずだ。

困ったときには、遠慮しないで誰にでも助けを求めることにした。――両親だってそろそろ許してくれるかもしれない。

自動車の免許を取ることにした。――買い物も病院も楽になる。たまには子どもたちとドライブも。

Hさん夫妻と兄さん夫婦と私の五人でこのように話し合った。

二家族で連れて来た三人の幼児が走り回って、座敷はにぎやかだった。

夫の協力も今まで以上に進むに違いない。兄夫婦の理解も一段と増した。

人生はこれからである。

どんな気持ちで今まで過ごしてきたかなど、言いたいことをおおかた言って、みんなに聞いてもらえたHさんのまだ高校生のような幼い顔から、大粒の涙があふれた。

「遠慮しすぎないで、話しかけたらいいいんだなと、よくわかりました。でも、頑張ってきてよかった」

Hさんはそう言って、はにかんだ。

いっしょになったとき、これからは二人きりだと心に決めて夢中で走ってきた分、見る世界を狭くしてしまったようである。心配をかけた親に、幸せになった姿を早く見せたいという思いが、知らず知らずのうちに彼女をかりたてていたのかもしれない。

夫の腕の中で泣き出して止まらなくなった赤ちゃんが、彼女の胸に移るとぴたりと泣き止み、まもなく寝息をたて始めた。そっと抱いてあやす彼女は立派な母親にも見えた。

「友達に聞いて、二ヶ月おきにお参りしてたんですよ、二人で。ここだけが頼りだったんです」

「これからは、他にもいっぱい頼りを作ろうね」

「はい」

帰り際、背筋をピンと伸ばしてお辞儀《じぎ》をした最年少のHさんは、今日の主役のせいか、四人の中で一番、凛《りん》として見えた。

難局をなんとか切り抜けたHさんだが、これからの方がずっと大変ではないだろうか。

女性は法律では十六歳で結婚できるが、実際に結婚するとなると少し早いという気もする。精神を強くし社会的なことにも慣れ、まず自分をしっかりさせるには、いくら努力しても時間をかけても、十分すぎるということはない。準備作業としてやることはいくらでもあるのだから、急ぐことはないのである。早い結婚をしようという人は、じっくり力をつけることも考えてほしいと思う。

当然ながら、結婚には家族の同意がとても大切である。同じように早い結婚をした人を何人か知っているが、ご両親や家族の協力がある場合は大体うまくいっている。仕事や子育ての援助だけでなく、精神的な後《うし》ろ盾《だて》も大きいのであろう。

家を離れて結婚生活を送っている人は、友達の存在が大きいようだ。ちょっと遊びに行って愚痴を聞いてもらったり、子育て情報を交換したり、日曜日に何家族かで郊外へ出かけたりというのが大きな慰めになる。特に若いお母さんには、公園で同世代のお母さんと知り合いになる以前に、孤独のうちにくぐり抜けなければならない時期がある。積極的に輪を広げて、自分流の子育て協力隊を作るのがいいのではないだろうか。

苦労することは大切だが、もし余計な苦労になりそうなら、避けた方が賢明だ。なぜなら、これから先、苦労はいっぱい待っているのだから。

もう一度、青春仕切り直しのHさん、どうか幸せになって下さい。

沙羅

三　人間、すばらしきもの

「娘のおかげなんです」――体の不自由な子どもと生きる家族の例

擬宝珠《ぎぼし》の葉は、春先の柔らかいうちは山菜として食べられる。野生の鹿も大好物で、本堂の裏の谷に自生している株など、ほとんどが食べられている。

作務衣《さむえ》姿で境内の砂利の上に座り込み、午後の太陽光線を利用して、私は今や盛りのその擬宝珠の紫の花を撮影していた。夏ももうすぐ終わりである。

そのとき、背中から声をかけられた。振り返ると一人の女性が立っていた。

「先生、年をとられましたね」と言って、にこにこ笑っている。

顔はよくわかっているのだが、結婚した後の姓で名乗られると、一瞬、旧姓が出てこない。しかし、すぐに思い出した。高校で初めて担任したクラスの生徒の恭子さんだった。

数年前、電話で話したことがあるが、ずいぶん会っていない。しかし、すぐに恭子さんに関するいろいろなことを思い出した。高二の春休みに、数人で寺まで遊びに来たこともあった。よく通る澄んだ笑い声が、今も耳に残っているほどの明るい生徒だった。

今日はご主人と息子さんと三人で、遠路、里帰りの機会に足を延ばしてくれたのだった。本当に久しぶりなので、話はいくらでもあった。

彼女の十九歳になる長女は、生まれつき発達の遅れがあり、養護学校に通っていた。現在、共同作業所で元気にやっているが、これまでが大変だった。

あのときの電話も、たしか、これらのことについてだった。

養護学校のＰＴＡ活動に積極的に参加した彼女は、活動の中で同じ境遇の人たちに励まされ、力をもらって、なんとかやってきたのだった。彼女の一家にしてみれば、今日までの一段落の、しかも総まとめのような話を、彼女はいっぱい聞かせてくれた。

「あの子のおかげで、私たち家族は何倍もの喜びや感動を味わわせてもらったと思っています。普通の子なら何でもないことでも、あの子ができると、それは大変な騒ぎになるんです。挨拶ができたといって喜び、バスに乗れたといってお祝いし、一日作業に参加できたといっては家族中で涙を流しました。これほど喜べるなんて本当に幸せです。

中学生と高校生になる弟たちも姉を助け、不自由な人を見たら自然に手伝えるやさしい子に成長しました。小さいときから、毎日がボランティアですから、体がスッと動くんですね。こういう場合、世間では夫婦の間に壁があって、よそで夫の悪口を言って、ハケ口にしている人もあるようなんですが、ウチではすごくうまくいっていて、結婚してから一度もケンカしたことがないんですよ。こういう家族になったのも、あの子のおかげだと思っています。人に言えないような苦労もいっぱいありました。しかし、活動の中で前向きな人にもたくさん会えましたし、得たものはすごく多いんです」

誰でも、どうにもならない悲しみや重荷をいくつか抱えて生きている。

恭子さんも、何度も泣いたことがあった。しかし、一家はすべてをそのまま受け入れて、五人家族でゆっくりと歩いてきた。ウソもいつわりもないことが、強さのヒミツだと思った。

いろいろな出来事を、何でもなかったように話す彼女は、ずいぶん前の高校生の頃と同じだった。少し違うのは年齢で、まったく違うのは余裕と迫力ある話しぶりだった。

「この次は釣竿を持って来ますね」

恭子さんはそう言いながら、車に乗り込んだ。

三時間近く話して、早くも夕闇の迫りつつある門前から、三人の乗ったワゴン車が勢いよく走り去った。

伸びた萩の枝先に、二、三日前から気の早い花がちらほらと咲き始め、薄暮の中に白い点となって浮かんでいた。

本書を上梓する前、私は恭子さんに掲載の承諾を得るため、その前夜に原稿をファクスしておいて、翌日の夕方、電話をかけた。恭子さんは朝から共同作業所の用事で出かけていて、ちょうど帰って来たところだった。

「あれから同じ調子で頑張っているようだね」と私が言うと、

「まったく同じ調子ですよ」と明るい声でこたえる。

「みんな元気」と訊ねると、

「元気、元気。元気すぎて。ホホホ」と笑っている。私はとてもうれしくなった。

掲載の承諾の件は、昨夜のファクスに添え書きをしておいた。再度お願いをすると、彼女は急に真剣な声に変わって、「えー、えー」と相槌《あいづち》を打ちながら静かに聞いてくれる。

そして、最後にこのように言ってくれた。

「たしかに苦労はしました。やらないとどうにもなりませんから。私の家はみんなで協力して、本当にうまくやってきたと思います。しかし、同じような障害をかかえておられるウチも多いですし、どこでもうまくいっているとはかぎりません。

先生の手を通じてそういうことが広がれば、私たちの苦労も多少は人のお役にも立っていることになります」

「いや、僕にそんな力はまったくないけど、あの後、君の話はぜひとも書いておきたいと思った。ただそれだけだよ」

と私はこたえた。恭子さんがそう言ってくれたことで、私の方がずっと励まされてしまった。さらに堂々とした恭子さんとの会話だった。

それからしばらく、何人かの共通の知人の話をして、「世間はせまいね。お互い元気でよい年を迎えよう」と言い合って、夕方の電話は終わりになった。

あれから一年半が経過し、今回は冬の初めである。電話の途中から雪起こしが鳴り始めていた。

笑顔がよみがえるとき

――ショックで声が出なくなった娘さんのこと

六月に入ると、沙羅《さら》の花が開く。

濡れたような質感の花びらを持つこの白い花は、初冬に咲き始める山茶花《さざんか》と逆で、てっぺんから順に咲き始める。一刻も早く、梅雨の雨や初夏の太陽を浴びたいからだろうか。

よく知られているように、沙羅の花は一日花である。その日に咲いた花はその日のうちに散る。毎日夕方、苔《こけ》の上に散り敷いた花を片づけるのだが、朝になると、苔はまた一面の白だ。そのようにしておよそ一ヶ月、上を見たり下を見たりして、咲いた花と散った花の両方を味わうことができる。

寺に何本かある沙羅の木の一本は、完全に丹後の地のものなので特に強く、周辺に何本もの若木が実生《みしょう》で育っている。

ある午後、二人の来客があった。

「先週参拝しましたとき、ご住職が〈今朝、はじめて沙羅が咲きました〉と、誰かに話しておられるのが、たまたま耳に入りました。それをご縁と思い、またお参りさせてもらいました。娘のことでお話を聞いていただきたいのですが」

と、お母さんらしき人が言われた。横でその娘さんと思われる二十代の女性がにこにこ笑っている。聞くと、結構遠いところから来ておられる。

私はお二人を座敷に案内した。

お母さんの話では、娘さんはこの春転勤があったばかりだが、急に言葉が出なくなってしまった。もう二十日になるという。

「環境が変わって、何かあったのですか」

「……実は、とてもつらいことがあったんです」

お母さんは意を決したように言って、娘さんの方に顔を向けられた。娘さんは先程と同じように、微笑《ほほえ》んで小さくうなずいている。普通の笑顔だ。

お母さんはそのいきさつを簡単に話して下さった。今、家族との会話は筆談や身ぶり手ぶりでされているらしい。仕事は休んでいるが、家の用があればどこにでも出かける。今日も娘さんが運転してやって来た。

娘さんは相変わらず微笑みを絶やさず、私とお母さんの会話を聞いている。気丈夫というよりも、これは彼女の人柄のようだった。

「そうかー。ショックで声が出んようになったか。それはひどい目にあったなー」

私は大きな声で笑った。彼女も笑い、お母さんもつられて苦笑された。本当は笑いどころではないのである。

「昨日、病院のお医者さんも同じことを言って笑われました」と、お母さんが言われる。

それからまた、いろいろなお話しをした。

「今日は来てよかった」、お母さんはそう言われ、二人は連れ立って帰って行かれた。一番つらいはずの彼女のおだやかな笑顔に、お母さんは少しホッとされたようだった。

それからちょうど二週間後、二人は再訪された。

「言葉が出たんです。昨日の朝、娘が起きて来て、〈夕べ、亡くなったおばあちゃんが二人とも出て来てくれたのよ〉と言いました。五十日ぶりに聞いた娘の声でした。でも……」

（始まった！）　そう思った私は、二人を庭の見える縁側にご案内し、三人並んで腰を下ろした。彼女はこの前会ったときとはまるで別人のように、元気がなくなってしまっていた。顔にも表情がない。

しばらく沈黙があった後、彼女は遠くを見つめるような眼差《まなざ》しでポツリと呟《つぶや》いた。

「体中の細胞が遠いところに行ってしまって。今、きれいにしているところ。取りに行かないと……」

「心が？」

「そう。体の中ががらっぽ」

「遠いところをよく来たね。……頑張りすぎたよね」

本当にポツリポツリの会話だった。

（どうしてこうなったのだろう。私はどうすればいい）

と、この五十日間、君は自分に問い続けたに違いない。そして、小さな点になってしまった……。

自分の思いとは無縁に、さまざまなことが起こる。自分がどう感じていようと、今、あなたが負うべきことは何一つない。たっぷり時間をかけて、これでいいのだと思い定めてほしい。

言葉でなく心の中で、私は彼女を励ました。

われ関せずと池の鯉が跳ね、初夏の陽射しを砕いてあたりへまき散らした。

やがて、頬に涼しさが感じるられるようになり、娘さんの顔にかすかな笑みと落ち着きが表れた。時間と風が癒してくれている。

「言葉を取り戻してから初めての柔らかい表情です」

「また来ます」

お母さんはそう言われ、二人は寺を後にされた。

それから五日後の夕刻、私は会合に出かけようと玄関に降りた。ほとんど同時に、

「ごめん下さい」

外で元気な声がした。すぐに戸が開いて、彼女の笑顔が現れた。

（治った！）

二人でそのまま玄関先に座り込み、うんうんと急《せ》き込むようにして、私は話を聞いた。言葉を取り戻してからの数日、しんどくて、どうにもならなかったそうだ。人に会うのも怖くて家に閉じこもった。仏間に座り込んだり、横になったりして昼間を過ごした。ある夜、姿が見えないので家族が外に出て捜すと、彼女は家から少し離れたお地蔵さんの前にしゃがんで手を合わせていた。遅いからと連れ帰った。しばらくすると、また姿が見えないので捜した。今度は近くの橋の上でぼんやりしていた。

再び連れ戻された彼女は、「もうだめだ。すべて忘れよう」と思った。そう思った瞬間、元に戻ったのだという。

「心の持ち方一つで、こんなに変わるんですね」

わずか二ヶ月間ではあったが、大冒険から生還した人のかみしめるような一言だった。彼女の強さ、健気《けなげ》さに私は心底感じ入った。

あせることも嘆くふうも見せず、気丈に見守られたお母さん。病院の先生。夢に出てくれた二人のおばあさん。励ましてくれた友人。多くの人たちのおかげで立ち直りはとても早かった。この短い間に、彼女が次々と見せてくれた表情に、私は人間の心の奥深さを改めて見せてもらったのである。

逃げることもごまかすこともせず、彼女は自分のすべてをさらけ出した。心が壊れるまで苦しみ、自分を否定し続けた。そして、そういう自分に気づいた瞬間、一転、命の力があふれ出した。闇の行く手にあった小さな光。彼女はその出口に向かって一直線に進んだのだった。

誰でもそうである。いろいろな思いでかためた自分を土台にして、私どもは悩む。しかし、それは本当の自分ではない。日々、新しく積み上げ変化していく「今ここにある自分」が、最も新鮮なとれたての自分である。顔を上げれば、新しい世界がいくらでもある。彼女のこれからの幸せを心から祈りたい。

娘さんは、最初に会ったときの私の話を憶えていてくれて、新しい仕事についた後も、詩や書画を続けているという。

約二ヶ月後の初秋、娘さんから約束通り、自作の絵はがきが届いた。

「道……まっすぐに歩こう」と書かれた墨の文字は太くて、堂々としていた。

新年の賀状の文字は、書道の先生のように、きりりとしていた。

「待つ」ということ――親と子の問題を考える二話

Aさんの息子さんは、Aさんの住んでいる隣の町にアパートを借りて新婚生活を送っているが、お嫁さんがまるで学生気分なのだという。

朝、仕事に出かける夫に弁当を持たさないばかりか、朝食も簡単すぎる。あれで栄養は大丈夫だろうか、と心配でならない。

時々、様子を見に行くたびにそう思うが、面と向かって言うのもはばかられる。最近はお参りのたびに、そのことを祈っておられたのだそうだ。

ある日、「こんにちは」と言って入って来られたAさんの顔は輝いていた。

「実は、その嫁が大変身したんです」と、一連の説明をして下さった。

お嫁さんが先日から、温かい朝食と大きな弁当を作るようになった。そして、

「お母さん、今までの私はよくなかったと思います。これからはいろいろな面で、もっと

よい奥さんになれるように頑張ります」

と、自分から言ったのだそうだ。

「私はもう、うれしくてうれしくて……」

Ａさんは涙を流さんばかりに喜んでおられる。私もすっかり感心してしまい、ほのぼのとした気分になった。

口にしなくても思いは外に出るものである。とんでもないぐうたら嫁と思っているか。息子の選んだ嫁はかわいい娘と同じ、長い目で見てあげようと思っているか。そういう気持ちはすぐに相手に伝わる。幸か不幸か同居ではなかったので、あれこれ思うことはあっても、次に会うまでの間に、頭を冷やすことができたのがよかったのかもしれない。しかし、Ａさんのことだから、お嫁さんのよいところを褒めながら、じっくりと接してこられたに違いない。

そんな義母に二年あまり触れて、お嫁さんも感じるところがあったのだろう。Ａさんの思いがお嫁さんにも仏さんにも通じたようで、まるでイソップ物語の「北風と太陽」にも似たお話だった。

Bさんのおうちでは一人娘が家出をした。

娘さんに好きな人ができ、結婚したいと両親に打ち明けた。しかし、ご両親は相手の男性にまだ一度しか会っていない。そのときの印象もあまりよくなかった。できれば養子をもらいたい立場なので、もっとゆっくり考えてほしいと娘さんに頼んでいた。ところが、なぜか相手の家はこちらの意向を無視して、事をどんどん進めていく。怒ったBさん夫妻は、はっきりと結婚反対にまわった。

その後もいろいろあったが、事情を理解した娘さんは、

「わかりました。もう会いません。別れます」

と、両親の前で言った。そして、その晩、カバン一つ持って家を出たのである。

二日後、友達の家にいるから心配しないで、と短い電話があったが所在はわからない。会社も辞めていることがわかった。Bさんが相手方の家に電話で問い合わせてみたが、彼は、

「彼女から突然、別れを切り出され、それっきりです」

とこたえるだけだった。

私が電話を受けたときは、Ｂさんは本当に心配しておられた。

「それで、どうされるおつもりですか」

と私は訊ねた。

「今度会えたら、すべてを認めてやろうと思っています。気持ちを整理するために一人で暮らしていても、嘘を言ってその男性と暮らしていても、すべてを認めて受け入れてやろうと思っています。結婚を反対されたときは、泣いてかなり荒れていました。あの日、二階から降りて来て、目をいっぱいに見開いて、もう二度と会いません、と言ったあんな悲しそうな顔を、あの子を産んでから一度も見たことがありませんでした。

……実は、家を出たときに気づいたのですが、なぜか追いかける勇気が起こりませんでした。あの子なりの覚悟を察して捜さないで、向こうから連絡してくるまで待ってやるつもりです。しかし、一つだけ気がかりなのです。一、二週間か三、四ヶ月なら待てます。でもこれが二年、三年と長引くことはないでしょうか。それが心配で……」

と、気持ちを話された。私は娘さんが一人で暮らしている姿を思い浮かべた。

「捜してあげて下さい。そして、お母さんの今の気持ちを伝えてあげて下さい。やさしい娘さんのようですね。手をつくして捜して、会うなり手紙なりで気持ちを伝えた上で、気がすむまで見守ってあげてはどうでしょうか」

お互いに言いたいことは言ってきた。しかし、気持ちは簡単には割り切れない。そこで彼女は一人になって、心の整理をしようとしたのだろう。

家出は勧めるようなことではない。しかし、親に悪態をつくでもなく、卓袱台《ちゃぶだい》をひっくり返すでもなく、抑《おさ》えに抑えたあげくの、生まれて初めての大決心だったに違いない。ご両親もわかっておられるはずだ。

約三ヶ月後、友人関係をたどって、娘さんが一人で生活をしていることがわかった。お母さんは長い手紙を書かれた。

「その二ヶ月後に娘が電話をくれました。やっと元の関係に戻れそうです」

Bさんからこのような電話をいただいたのは、その年の暑い夏の夕方のことだった。

「育つ」というのは、大人からすれば「待つ」ことである。「待つ」というのは、できるだけ何もしないで、全力で見守ることだといわれる。しかし、これにも相当のエネルギーを要する。ただほっておくことではないのである。

何もしていないようでも、待つ間、待たれる間に人はものを考える。バスを待つ間、乗り遅れて次の電車を待つ間、手紙の返事を待つ間に、私どもはあれこれと多くのことを考える。相手の都合と自分の思いに折り合いをつけ、紆余曲折《うよきよくせつ》を経ながらも、物事は確実に前へ進んでいく。考える時間をふやすために自家用車をたまには電車に変えたり、コースを変更してみるのもよいかもしれない。

うっかりしていると、家族であるという気安さから相手の気持ちをついおろそかにしがちである。心の中の水は周囲をしっとりと潤してくれるが、心の中の火は触れたものを相手かまわず焼き焦がしてしまう。しかし、このご家族は、それぞれの努力で一家の嵐を乗り切られた。親も子も、激しく動く気持ちをこらえた濃密な一年だった。

なぜか夏の終わりにふさわしく感じた、二つの出来事だった。

起き上がり小法師——人生には転換期がある

四十代の大台に入ったN君が、奥さんといっしょにやって来た。

彼は、私がまだ二十代の教師だった頃、私が顧問をしていたクラブに所属していた。まじめ、かつ几帳面な性格で、仲間の信頼が厚かった。ギターが得意で部室でみんなとよく歌っていたのを思い出す。卒業したての頃はみんなでよく寺まで遊びに来た。この学年の仲間は特に気が合うようで、毎年、お盆に同窓会を開いている。私も何度か呼んでもらったことがあるが、彼に会うのは久しぶりだった。

彼は高校卒業後、ある職場で頑張っていたが、もう辞めたいのだそうだ。

最近、昇進して転勤したが事務量がとても多い。職場は誰も忙しく、助け合う余裕がない。担当外の仕事も回ってくる。上司の理解もあまり期待できそうにない。睡眠時間も十分ではない。そんな状態らしく、とても疲れている印象を受けた。

「今日はわりと落ち着いていますが、寝ていて叫ぶこともあります。子どももいますし、今、勤めを辞めるのは心配なのですが、もうこれ以上……」

奥さんも言葉をそえられた。

彼の家には広い田畑があり、ご両親が世話をしておられる。

「両親ももう年ですし、僕が手伝いながら前からやりたかった好きな花作りを、そろそろ始めようと思っているんです」

負けるのではない。新しいことを夢見ている。やりたいことがある。生活ならなんとでもしてみせる。彼の目はそう言っているように思えた。

「辞めたらいいよ。好きなことをしないと後悔するぞ。自分の人生だもの。若いし、今からだったら何でもできるよ」

私も力を込めて言った。

「実は、もう決心しています。みんなが反対しますから、最後の一押しがほしかったのです」

N君はきっぱりと言った。それから、お互いの近況を話し合って、その日は別れた。

京大の数学教授をしておられた森毅氏が、人生を仮に八十年として、それを四等分する考え方を勧めておられる。

第一期（20歳まで）が学問期、第二期（20～40歳）と第三期（40～60歳）が仕事の時期である。同じ仕事でも、第三期は第二期の内容を見直したり、質的に変化させたりする時期だ。昇進、転職、内容の深まり、拡大などがそれに当たる。（ちなみに、第四期は退職後の自由な期間である）

N君もその第三期に入った。正念場というわけである。

私の場合も似ている。寺も学校も年ごとに忙しくなるし、元気だった父も年をとる。悩んだ結果、両方はできない、やるべきではない、と退職を決意したのが彼とほぼ同じ頃だった。寺を継ぎ、頭を切り換えて、諸々の責任を果たさなければならないと、私なりに考えたのである。

今では早く決めてよかったと思っている。当時はまだ若かったので、退職という意識はまったくなかった。本職に戻ったと言ってくれた人もあったが、せいぜい転職である。今まで同様に頑張らないとバチが当たる、という気持ちが強かった。まだまだ未熟だが、なんとかやらせていただいてきたのも、励ましていただいている多くの方々のおかげである。

親しかったアメリカ人の友人が、「仕方がない。それは、先生の二つ目のコーリングだよ」と言葉をかけてくれたが、転職を本当の「天職」に変えるべく、これからも精進しなければならないと思う。

二年後の初夏のある午後、N君が急ぎ足で門から入って来た。腕に大きなカサブランカの花束を二つも抱えている。

「お世話になった人たちに、成果を見てもらおうと昼から回っています」

私は今までに、あんな大きなユリの花束をもらったことがなかった。両手に受け取ると思わず目をつぶりたくなるようなよい香りが、ピンクの大輪からふりまかれる。彼が丹精しただけのことはあると思った。玄関の大きな壷にどさりと活《い》けて、部屋で向かい合った。

「今日の仕事はもう終わり?」と訊ねると、

「今日の分二百本は収穫してきました」と、N君はこたえる。

「じゃ、いいな」

N君は大きくうなずき、冷たいビールで乾杯した。

N君はたんぼも畑もハウスも手がける。春に収穫を上げた野菜の床を利用して、いろいろ試しているそうだ。同好の仲間もできて、その友人たちと週二回の朝市も始めたという。夜もいろいろな会合で、連日忙しいそうだ。日に焼けて少し体重が増えたように見えるN君は、よく話した。目が地域や子どもたち、それに社会や学校にも向いている。

自分の頭と足で動く、地元の若き人材が誕生したと思った。

〝投げられたところで起きる小法師《こぼし》かな〟

N君は、自分で自分を投げて自分で起き上がったのである。奥さんにもご苦労さまと言いたい。

転回、九十度――人を生かし自分を生かす

私は三十代の中頃、過労で二ヶ月間、自宅療養したことがある。

忙しいことが重なり、無理をしてしまったのである。まだ若いと思っていたので少し自信をなくした。毎日、天井を眺めていると、いろいろなことが頭に浮かんできた。最初に思ったのは、「人生の折り返し点の年齢だなあ」ということだった。そして、今までの自分に足りなかったことが、次々と頭に浮かんできた。そのため、体調が悪い上にますます暗い気分になった。

たった一つの体とわずかな力である。がむしゃらにやっても続かなければ、かえって周りに迷惑をかけるだけだ。自分のためにもならない。当たり前のことを、改めて実感するよい機会だった。あれは「休んで考えろ」という仏さまの忠告だったに違いない。

よくありそうなことだが、一つの気づきの体験ではあった。

大なり小なり、誰にも人生の転機があると思う。人生の転機が心の転機にもなる。受験、就職、失恋、異動、結婚、子育て、離婚、病気、転職、退職……。家族の事情も大きい。何でもあり、である。

もちろん、どれが一番大きな転機になるかは、人によって違う。苦しい転機なら早く抜け出したいと思う。家族や身近な人が気にかけてくれると、いくぶんは慰めになる。しかし、最後は自分で考え、行動し、祈るのである。悩むときは時間をかけてしっかり悩み、体もじっくり治すのがよい。仏さまが必ず救って下さる。

転機の中でも、大きなものは定年退職であろう。いろいろ見聞させていただくと、早目に準備を始めた方が多い。そんな中である日、テレビでGさんのことを知った。

食品メーカーを退職されたGさんは、海外での技術指導の経験が長かった。六十歳で退職後、関連会社でしばらく技術指導をして、いよいよ本格的な退職となった。趣味が仕事だったGさんは、どうしようかと考えた。

「しばらく、ゆっくりすれば」

と言う奥さんの言葉に甘えて、行きたかった名所や史蹟を旅するなどして、約二年間の充電期間を過ごされた。

そして、ある日、奥さんに向かって、

「観光案内のボランティアをやる」と言われたのである。

理系のGさんにとって、まったくの畑違いだ。奥さんはびっくりされたが、Gさんの頑張りはすごかった。持ち前の研究熱心はどの分野にも役立つとみえて、その三年後には、近くの観光地で観光客の先頭に立つ、生き生きとしたGさんの姿が見られた。今ではGさんのファンも増え、全国から礼状も来るようになった。そのファイルは、現役時代に海外で活躍した頃の写真とならぶ、Gさんの宝物になっているという。

まったく違う第二の人生の旅立ちに成功したGさんの言葉は、歯切れがよかった。まったく違うとか、第二の人生と言っても、人間のやること、どこかで関連があるものだ。だから百八十度ではなく九十度なのである。

「人の目なんか気にせず、やりたいことをやるだけです。エッと言われるくらい変わっていた方が新鮮です。探せば何でもありますよ」

七十歳になるSさんは、二十五年も前にご主人を亡くされている。三十年間、一生懸命働いてきたのに、年金はわずかで生活は楽ではない。近くに嫁いでいる一人娘さんが時々、様子を見に来られる。

「体が動くかぎり気楽にやらせてくれって、勝手を言っています。私が元気なのも、数年前に始めた絵手紙のおかげです。ホントは私がもらう立場ですが」と、笑っておられる。

Sさんは、自分の住んでいる街の一人暮らしの老人の方々に、ハガキを書くボランティアをしておられるのである。ハガキには絵を添える。

「洗濯物をたたむボランティアにしようかと思いましたが、文を書くのが好きだったもので、こちらにしました。もともと絵は苦手ですが、大分上手になりましたよ」

Sさんは楽しくてたまらないというご様子だ。

題材を決め、スケッチをして色を決める。大きめに描くのだが、その加減もセンスを要するところだ。近所の畑からお花をもらってきたり、魚をわざわざ丸ごと買ってきたりもする。ハガキを買うお金や、切手代もバカにならない。

「書き損じの年賀状をもらって、郵便局で換えてもらったりね。ビール瓶や一升瓶も、もらえるものはもらってきて切手代にするのですよ。明日は誰に頼もうかななんて考えていたら、病気になる暇もないくらいです。自分で自分にボランティアしているんだなって思いました。趣味で絵を描くだけだったら、続いていなかったと思います」と言われる。

「何かをやっていると怖くないですね」とも言われた。

　はじめは単なる趣味であっても、その趣味が人のために役立つようになると、生きがいへとワンランク上がるようだ。若いときは目の前の仕事をやるのが精いっぱいだが、四十歳、五十歳になると少しずつ余裕が出てくる。仕事のコツもわかってくる。趣味も余暇も仕事さえも、自然に多くの人を巻き込んでいく。そして、退職後の趣味はボランティア的な方向へ進化していく人が多い。

　人は人のためになるとき、もっとも元気が出る。GさんとSさんの笑顔は、堂に入ったものだった。

与え合って生きる
――ボランティアの功徳

ある会社の営業責任者の方と同席したとき、こんな話をうかがった。

不景気の中、利益を上げるためにサービスを一つ減らすか、どこかで経費を削減するかが第一案。第二案は、経費削減に加えて、内容やサービスを他社よりよくし、長い目で見て集客力アップにつなげる、というものだ。

第二案は少しアマくないか。やがて取り戻すといっても、いつになるのか。世の中の動きは速くてなかなか読めないなど、いろいろな心配があったそうだ。

そんな中、第二案を採用することになり、あるサービスを目玉にキャンペーンを繰り広げている最中、ということであった。

「商売は感動ですから、お客様のおかげだと思ってないと、売れるものも売れませんよ」と、この方はあっさり言われた。経験豊富な人なんだなと感心した。

新しい仕事を始める場合も同じである。

借り入れをして、店や工場を作り、材料を仕入れ、人を雇い、やっと開業になる。それでも流行《はや》るかどうかわからない。「商《あきな》い三年」というように、利益が出るまで大変だが、辛抱しなければならない。先ず人のことを考えてから、すべて物事は始まるのである。

一方、うまく動き出すと、つい苦労や感謝の気持ちを忘れて、自分の利益ばかり考えてしまう。うまくいったと思った瞬間が、失敗の始まりだったということがよくある。

朝のお勤めのお経に出てくる〈三毒〉※1の最初に、「貪《とん》（貪《むさぼ》りの心）」というのがある。つい貪ってしまうのである。

「私はいつもご利益《りやく》を受けています」と言う人は足《た》るを知っておられる。だから、余力を人のために使うことになり、にこやかで楽しそうだ。

「私は運が悪い」と考える人は、自分のことで精いっぱいで、人のことを考える余裕がなく、表情もつい暗くなる。

「人を助けると、自分も救われて自信がつきました。生きる勇気が湧きました」

震災のとき、若いボランティアの学生さんはそう言っていた。

ボランティアは仏教語で言えば、「布施行（菩薩行《ぼさつぎょう》）」※2にあたる。「布施」には、お返しを期待していないのに、いつの間にかご利益《りやく》をいただいてしまうという不思議な力がある。

そのときの中学三年生の言葉もよかった。

「こんな状態をほっておいて、勉強だけやっとれへん。無理してボランティアをやっているのではない。昼間、ボランティアをやって気分が盛り上がり、夜の勉強にも身が入る」

こういう気分はお金では買えない。まさに菩薩行の功徳《くどく》ではないだろうか。

震災のちょうど二年後の一月、山陰沖で沈没したタンカー「ナホトカ」の重油が、北近畿の海岸にも漂着した。重油の塊を取り除く作業が春まで続き、私も参加した。

重機が大きな油の塊をあらかた片づけてくれた後の六キロの海岸に、人海戦術で取りかかる。砂を指でより分け、重油の小さな塊をつまんで袋に入れる。マスクをしているのと、ゴーゴーと鳴り続ける冷たい海風のため、会話は不可能だ。浜を守るという一つの目的のため、何十人、何百人が並んで黙々と手を動かすだけである。

しかし次第に、周りの人たちとの間に共感が生まれてくるのを感じる。目の前にいる人と「同じことをする（同事《どうじ》）」※3というのは、「与え合い分かち合う」ことの究極の形ではないかと、そのとき思った。言葉をつかわなくても、それは無条件に人を励ますのである。その昔、釈尊の布教の旅はとても厳しいものだったろう。粗末なものを食べ、暑いときも寒いときも裸足で歩かれる。偉い人は大変だな……子どものときお釈迦さまの簡単な伝記を読んで、そう思ったことを憶えている。

釈尊の成道《じょうどう》（悟りを得る）の瞬間の記述がある。

「人間は単独で存在しているものではなく、他のさまざまな人、もの、社会関係によって生かされている。――この真理を会得《えとく》したとき、すべての欲望がしずまり、すべての執着《しゅうじゃく》からはなれて、安らぎの世界が訪れた。ブッダ（釈尊）は究極的な喜びを知った」

それは苦しみではなく喜びだったのだと、少し大人になってからわかった。

同じだけれども違い、違うけれども同じ。どうしようもない他者でありながら、根っこはちゃんとつながっている共通のいのち。そのことを発見した「喜び」だったのである。

真に自分らしく生きることは、同時に人の役にも立てることであり、人の役に立てることが、自分を生かすことになる。相手を生かすことによって、また自分が生かされる。

これからの時代、競争、競争はもう流行《はや》らないと思う。人間性の欠けた方法が、人間を幸せにできるとは思えないからだ。

「ひとやま当てたろか」という時代でもない。人より先に行こうというのでもない。むしろ、足元を見つめ、あるものを生かし守り育てる。自分のやるべきことを日々しっかり務め上げる。どこにいても、当たり前のことをきちんとやる。そうすることによって、自分も周りの人たちも世間も、かろうじて守られる。そういう時代に入っている。

たとえ経済が多少の好転を見ても、一時代前のそれとは質的に異なってきているように思われる。多くの方がそうお感じではないだろうか。

人と人。人と自然。存在と存在。すべてのものの共生が言われて久しい。

「共生はよい物語を生む」と、ある作家が語っておられた。これ自体がとても美しい言葉だと思う。あちこちによい物語が誕生してほしい。

※1　「三毒」のあと二つは、瞋《しん》＝怒り、癡《ち》＝おろかさ。
※2　仏教で修行していく上での六つの実践項目である「六波羅蜜《ろくはらみつ》」の一つ。
※3　人々を引きつけて救うための四つの徳、「四摂法《ししょうぼう》」の一つ。同事は人と同じ事をする、また協力することをいう。他に布施・愛語・利行《りぎょう》がある。

親切は受けよう——電車で座席を譲られたら

二十歳すぎの娘さんが、電車の吊革につかまって立っていた。

前の座席に座っていたおばあさんが、娘さんの服装に気がついて注意をされた。

「もしもし、娘さん。シャツの裾《すそ》が出とりますよ」

今では当たり前のファッションだ。おばあさんの大きな声に、周りの視線がいっせいに彼女に集まった。しかし、彼女は突然ふりかかった災難に的確に対応した。

「あっ！　そうね。ありがとう」

そう言って、すぐシャツの裾をスラックスの下にしまった。おばあさんはいいことをしたと思って、満足されたことだろう。やがて電車が次の駅に着き、おばあさんは降りて行かれた。するとこの娘さん、すぐに裾を元通りに出したのだそうだ。

おばあさんの隣の席で、一部始終を見ていた女子高生が、

「エー！」という顔をしてその娘さんを見上げたら、お互いの目が合った。

するとその娘さんは、ニコッと笑って、

「親切は受けなきゃね」と言ったという。

その言葉を「カッコイイー」と思った、というその女子高生は、某テレビ局にこの話を投書した。それが取り上げられて報道されたのを私はたまたま見て、やはり感心した。育ちもよく、頭の回転も速そうだ。素敵な二十歳だと思う。

若い人のマナーの問題がよく取り上げられるが、若いのによくできているな、という人だって多いのである。

五十九歳の男性の新聞への投書もよかった。五十九歳といえば、たしかにまだまだ元気な年齢である。この人も体力に自信があり、自分はまだ若いと思っていた。ところがある日突然、電車で席を譲られたのである。

高校生がいきなり立ち上がって、

「どうぞ」

と言ってくれたのだが、初体験だったので心の準備ができていなかった。動揺して、

「僕はいい」

と、思わず言ってしまった。相手も簡単には引けない。

「どうぞ」　「いい」

「どうぞ」　「いい」

三回やった。すると車内の視線が、自分一人に冷たく突き刺さってくるのを感じた。いたたまれなくなって、降りる予定のない次の駅で降りて、ホームに立って空を眺めて考えた。

「大人げないことをした。座ればよかった。自分はいいが、せっかく勇気を出したのに断られた若者はどうなる。これから、よいと思ったこともできなくなったらどうしよう。私はとんでもないことをした……」

考えただけではない。家に帰って文章をまとめ、封筒に宛名を書き、切手を貼って投函されたのだ。普通は、そういうことがあっても、一瞬の苦《にが》い思いとしてそのまま飲み込んでしまう。誰でも後悔することがあっても、それをわざわざつかみ出して処理する人は少ない。この男性はそれをされたのである。この方は自分の心配に反して、やはり素敵な熟年になられるに違いないと思った。

町の食堂に入ったとき、こんなことがあった。眼が悪そうな年配のお客さんを気遣って、メニューの説明をしようとした店員の親切を、その人はあからさまに拒絶されたのである。自分で読める、と言いたかったのだろう。悲しそうな顔をして立っている若いウエートレスを見て、年配グループに入る私は大変申し訳ない気持ちになった。

年長者の方は苦労されている分、できた人が多いと思うが、残念ながら百パーセントそうとはかぎらないのが怖いところだ。人間は自分のことが一番わからないので、私もどこでどんな不始末をしているのかわからない。


事情はいろいろあると思うが、親切はできるだけ受けたい。

昔気質の人の中には、福祉サービスなどを遠慮する人もおられると聞くが、すんなりとお世話になればいいと思う。座席も勧められたら、「ありがとう」と、ひとこと言って座ればいい。すべての善意は天からの恵みなのである。

電車の中で、席を譲るよりも席取りと割り込みの技術を、毎日磨いている人もおられるかもしれない。若者が二十センチくらいの、なんとも中途半端な間隔をあけて座っているのは、ツカずハナレずを重んじる現代の〃やさしさ〃の表現なのだそうだ。

人に触《さわ》っては失礼だという気持ちがあるのだそうで、わからないでもない。しかし、これでは無理に押し込むオバサンやオジサンのお尻ばかりを責められない。引き分けというところだろうか。

初めて席を譲られた日はどんな気分だろう。

感謝の気持ちでスッと座って、帰ったら赤飯を炊《た》いて祝うのもよいかもしれない。

親切にする方もされる方も、実はいろいろなことを考えて迷う。手本はないのだから、その場にふさわしいやり方を自分で考えるしかない。

ドラマティックに生きようというが、毎日ドラマティックだったら疲れてしまう。

TVドラマの主人公さえ、一週間に六日は休んでいる。普段は何もなく平穏なのがいい。しかし、一歩外に出たら、ボーッとばかりしていられない。小さなことでも、ほんのわずか心と体を動かせば、身近なところに思いがけない感動やドラマが生まれる。

電車の中にかぎらない。至るところが人生の教室である。

恩は他で返す——「恩を感じる力」が大切

ある人が学生時代、食堂でお金を払おうとして財布がないのに気づいた。見ていた客の一人である若い娘さんが、そっと出て行った。しばらくして帰って来た娘さんは、学生の代わりに代金を払ってくれた。学生はおかげで事なきをえた。その娘さんは手持ちの品を質屋に入れて、お金を工面してくれたらしかった。

寮に帰って友人に話すと、「お前、惚れられたんじゃないのか」と、みんなにからかわれたが、悪い気はしなかった。

数日後、お金を用意してその店に行き、娘さんの住所を訊いて家を訪ねた。ところが引っ越した後だった。行き先もわからない。

ショックだった。あれは無償の行為だったのだ。もっと早く来るべきだったのに、むだな数日を過ごしてしまった。もうお礼も言えないではないか。

かくなる上はこの恩を、自分の一生の仕事の中で、出会う人の一人ひとりに返していこう、それを自分の天命にしよう、とその人は決意された。

「この話を、晩年ご本人から直接聞いて、日本でも有数の企業のトップとなられたこの方の、語る言葉も振る舞いも、なされる事業も、どことなく他とは違う味わいがあると感じていたのですが、その水脈の源がここにあったのだと、はじめて了解しました」

亡くなられた作家の宇野千代さんの対談記録から、引用させていただいた。

決して大事件ではない。普通の人ならそれきりになったかもしれない。しかし、自分にとっては大きな体験だった。そこから教訓を引き出して、長い人生の中に生かす。すばらしいことだと思った。


返せと言われてもなかなか返せないのが恩で、その代表が親の恩である。幼いとき、両親に手を引かれて歩いた記憶さえ、春霞の中のことのように茫々として懐かしい。ひどく叱られたこともある。悪いことをしても気づかぬふりをしてもらったこともあろう。おかげで今の自分がある。親孝行に反対の人はいないと思う。

ところが、普通は親が先に死ぬ。半分も返せぬうちに対象は消えてしまうのである。「親孝行したい頃には妻子あり」という川柳があったが、恩を十分返せる人はいろいろな意味で幸せである。

恩は親からもらうだけではない。近所の遊び仲間や、つまらぬ悩みを本気で聞いてくれる気の毒な友達、後輩やわが子からも、いろいろなおかげをもらっている。私も、かつて交流した若い人たちから、多くのことを学ばせてもらったと深く感謝している。

私どもにとって、このようにお世話になった恩人はたくさんあるが、普段は忘れていることが多い。若いときは、自分のことや目の前のことで手いっぱいなのだ。

しかし、「あのときいっしょだったなあ」とか「あんなことをしてもらったなあ」などと、突然、はっきり思い出すことがある。けれども、誰も恩に着せるわけでもなく、知らん顔をして忘れているかのようだ。請求書も送ってこない。

結果として、今、自分はここにいる。考えてみれば、周りは仏さまばかりなのである。「恩を感じる力」が大切だと思う。すべてお互いさまという面があるから、負担に感じすぎなくともよいが、忘れてはいけない。そういう気持ちは自然に行動の中に表れてくる。

戦後の苦労を乗り切って今日を築き上げた方々も、そろそろ老境に入っておられる。子どもさんに代を譲った後も、地域社会の先行きに関心を持って、精力的に活躍しておられる。みなさん謙虚で情に厚い方が多い。

お世話になったら、早めにお礼の気持ちを伝えるのがいい。

旅行のおみやげを持ってちょっと立ち寄る。絵葉書を一枚送る。ひそかにメールを打っておく……。何でもいい。心を何かの形にして表現するのである。ありがたい心にはていねいにこたえたい。人としてのつとめでもある。

しかし、うっかり時機を失することもある。連絡がとれないこともある。残念な思いを引きずることもある。しかし、私どもは日夜、仕事や社会活動を通して世の中に役立っている。それがそのまま、目の前にいない人たちへの恩返しになる。そう考えざるをえないこともある。恩というのは、もらったところに返せないこともあるのである。

いただいた力や思い出を一人で使うのはもったいない。人のお世話も、借りたもののお返しにすぎない。恩はできるだけ広く返す。これがそのまま宗教心にもつながる。

東京で稼いだお金を東京で使うとはかぎらない。東京で稼いだお金を大阪で使ったり、大阪で稼いだお金を名古屋で使ってもよい。お金が天下をまわるのと同じように、善意や恩返しが世界中を飛び交う。まわりまわって、誰かがどこかでおかげを受ける。

神戸の震災のとき、大型トラックに乗って女手一つで子どもを育てておられるお母さんが、全財産の入った通帳を全額、義援金として寄付された。そして、次のように言われた。

「私はトラック一台あれば、食べていけるだけのお金は稼げます。今、本当に困っている人に使ってもらうのが一番です」

この人は、今まで受けた恩を神戸の人たちに返された。きっと、感謝の気持ちで生きてこられたのだろう。では、神戸の人たちはこのお母さんに何かお返しができるだろうか。ノーである。悲しみを乗り越えて立ち直ることが、まずは肝心だ。しかし、その結果が日本中に大きな勇気と励ましを与えることになる。

このようにして、恩は形を変え、時を越えて世界を幸せにする。善いものは姿を変えても、善いものになる。

よいことをするのはいいが、あまり負担にならないようにしたい。人の立場に立って考えることはなかなかむずかしい。時には、恩が恩にならないこともある。

山法師

四　生きていく智恵

同世代が一番——よき仲間作りのすすめ

先進国の中でも、日本人の働く時間はかなり長い方であるらしい。働く人の帰宅時間がとても遅く、休暇も取りにくい。こういう状態が続くと、家族はもちろん夫婦の間にもいろいろな影響が出てくる。

定年退職を迎えたある方が、帰宅して奥さんに言われた。

「オイ！　今日、会社での最後の挨拶で、俺は退職したら家内と二人であちこち旅行するつもりだと言ったら、みんな羨ましがっていたぞ」

奥さんは喜ぶと思いきや、返事は意外だった。「オイ！」にもカチンときた。

「勝手に決めんといて。あなたが仕事人間やっている間に、ご近所にお友達いっぱいできたし、その人たちと好きなところに行くから、今度はあなたが家で留守番してよ」

「そんな。ワシの立場はどうなるんだ」

「そんなん知らんわ」

「……」

　こんな話を聞いたのだが、思い当たる方はおられるだろうか。

　こういう二人が無理にいっしょに旅行をしても、「フルムーンただ沈黙の旅を行く」（毎日万能川柳より）ということになりかねない。やはり日頃からの対話が肝心である。

　夫婦でも親子でも、男の背中を見せていれば大丈夫、というのは昔のことだ。今では誰もが同じ背中をしている。正面を向いて、はっきりと言葉で伝えなければ、心の内は伝わらない。

　ところで、仕事が忙しいのはわかるが、子育ても親戚づき合いも近所づき合いも奥さんにまかせっきり。趣味も少ない上に、料理も家事も苦手。こういう男性が退職後、奥さんに先立たれると、平均寿命はとても低くなるらしい。精神的にも栄養的にもバランスを欠くのだろうか。逆に、そういう男性に早く先立たれた妻の平均寿命はかなり高い、というデータがあるらしい。身も心も解放されたということだろうが、笑えない話である。

　こんな話も聞いた。

ある家のご主人が入院された。近所の人がその奥さんに、「ご主人のお見舞い、毎日大変でしょうね」と声をかけた。すると、「子どもは親子だから毎日行ってるけど、私は他人だから時々」とこたえられたとか。何十年か前に、ハンコをついたからといって、うかうかしていられない。やはり、日頃の心がけが大切である。

今日、結婚は生活のためという時代ではないようで、ご主人の退職後、「独立」の機会をうかがっている女性軍が多いかもしれない。住宅ローンが終わった頃が危ないそうだ。「あなたも退職したのでお弁当作らなくていいし、子どもも独立したし、さあ、したいことするわ。先ず手始めに、アンタといっしょには住みたくない！」

これで一巻の終わりとなる。

思ってもみないことが、進行している時代である。明日はわが身と考え、夫婦お互いの気持ちを大切にしたい。理屈は男女両方に当てはまるが、現実は圧倒的に男性が不利だ。

まず平均寿命を見てみると、これは疑いもなく女性上位である。ある女性学者の意見では、女性の方が生命力・人生を楽しむ力・友達を作る力・言語能力のいずれをとっても、男性よりはるかに優れているそうである。

蓮如の言葉に「人はかろきがよき」というのがある。

軽薄がいいというのではない。言いたいことは言う。笑いたければ笑い、怒りたければ怒る。感じたまま、あるがままを表現するのが人間の自然な姿である。わかったふりをしたり格好をつけてみても、たかがしれている。素直に生きることが、人間本来の姿だと言われるのである。したがって、社会的な問題もあるのだけれど、より自然な生きざまをしてきたかどうか、男女それぞれの何百年間にわたる生き方の違いが、平均寿命の差が数年という大きな数字になって表れたのではないかと、私は想像している。

私もふくめて世の男性諸氏は、このような女性のすばらしさをもっと学んだ方がよいようである。

長野県では、男女とも平均寿命が日本でトップクラス。なんと、離婚率は最低クラスらしい。これとまったく逆の都道府県もある。誰でもこの相関関係の意味するところに、慄然とされるのではないかと思う。健康管理はもともと自分で責任を負うべきものなので、そう慌てることはないとも言えるのだが。

退職後、いろいろな趣味を始められる男性が多い。しかし、先程の料理・洗濯・掃除というサバイバルのための三種の神器《じんき》を身につけることが、まず大切である。これらを身につけてこそ、一人前と言える。夫婦であれば、名実ともに夫婦対等の関係となる。必要なことを必要なときに少しずつ身につけていく。これこそ真の生涯学習ではないだろうか。

「私は、夫とは気が合わないから、娘や息子と仲よくしています」

と言われる方があるが、これは大きな錯覚である。親と子の世代では一致しないことが多い。昔話をしてもズレがある。親が疲れてくる頃は、子は一番忙しい時期だ。いっしょに住めるともかぎらない。親子の情愛はあくまで親子のそれであり、同世代間の理解と同じではない。親子は戦友にはなりにくいのである。

また、独身を謳歌しながら仕事に精を出している人が多い時代である。それに夫婦とて同時に天寿を全うするわけではなく、遺された方はさみしい思いをする。

これからは友人の存在が大きくなると思う。相手は異性同性どちらでもよい。自分の年齢プラスマイナス十歳の範囲を「世代境界」というらしいが、その範囲内の年齢の人は、時代を共有しているので価値観が似ていて話題も合いやすい。人間にとって、同世代の人たちと場を同じくすること自体、大きな癒しになるのである。

私も近くに友人がたくさんいることを、とてもありがたいことだと思っている。近在で採れた山菜や海の幸を前にテーブルを囲むこともあるが、これがまた安くておいしくて楽しい。

柄にもなく入れていただいているスポーツの会の懇親会も大変楽しい。二十歳過ぎから退職した人までもいる年齢差の者たちが同席して、いろいろなことを語り合うのである。たまには年齢のはなれた人とつき合うのもいい。若い人はどう感じているかわからないが、年長者の立場からするとこれも大いに勉強になる。近くに住んでいても、普段はなかなか会えない分、いろいろな年齢・職業の人が顔を合わせるこういう機会は貴重である。みんな明るく親切だ。いろいろな会合に出席したり、懇親会に参加したりするが、このように近隣の人たちとの交流は、また格別に意義深いと思う。

いつもお世話していただいている人に感謝するばかりである。

もう亡くなられたが、料理研究家の阿部ナオさんは、晩年、一人暮らしをしておられた。裏山の山菜を摘んだり、時折テレビ出演をしたり、悠々自適の生活だった。

お子さんたちはいっしょに住もうと言われるのだが、頑として聞かれない。

「いっしょに暮らしたらどうですか」と取材の記者が訊ねると、阿部さんの答えは、「いっしょに暮らしてどうするんですか」だった。

「いろいろ話をすれば楽しいと思うのですが」と、再び記者。

「何を話すの。話してどうするの」

阿部さんの態度は毅然としていた。家族間の愛情は十分ある。しかし、限られた時間の一瞬一瞬を確認しながらより濃密に生きたいという、これは阿部さんの人生哲学なのであろう。

私は大きな示唆を受けた。しかし、これがいいというのではなく、このような生き方もあるということである。誰もが同じようにできるわけではない。だから、一人で生きようと思えば生きられる、ほどほどの強さと技を持つ。その上で、大勢の人たちと助け合い、迷惑をかけ合って生きるのが楽しそうである。

人間は一人では生きていけない弱い存在である。家族が最大の支えであることは間違いない。しかし、気のおけない隣人、同じ趣味を持つ仲間、亡くなった連れ合いの友達の連れ合い……などなど。早目にいろいろなネットワークで仲間作りをしたいものである。

神戸で……――震災で愛娘を亡くした一家のこと

平成七年一月十七日の阪神淡路大震災は、六千四百三十二名の尊い命を奪った。

北山さんご一家も東灘区で被災された。古い文化住宅が全壊して四歳の長女晴菜ちゃんを亡くされたのである。本当にお気の毒なことであった。

すぐ近くに住む奥さんのご両親は、自宅の玄関がなかなか開かず、屋外に出ることすら大変だったが、幸い怪我はなく、真っ先に駆けつけて来られた。わが子一家が危ないという直感はさすがだった。しかし老夫婦だけではどうにもならない。実際に一家の救助に当たられたのは近所の人たちだった。この両方がなかったら、もっと大変だったことと思う。

建物の下敷きになっていた晴菜ちゃんを病院に運び込まれたのは、奥さんのお母さんだった。そして、間もなく息を引き取った晴菜ちゃんを安置所まで運ばれた。

奥さんは骨折でそのまま入院。ご主人はひどい打撲を受けて大阪の病院に転送され、一ヶ月間入院された。それぞれの病院で晴菜ちゃんのことを聞かれた北山ご夫妻をはじめ、関係のみなさんは、どれほどつらい思いをされたことだろうか。次女の結菜ちゃんだけは運よく無傷だった。

一週間後、奥さんは退院され、住宅の倒壊現場に引き返して来られた。すると、瓦礫の上で愛犬が元気にほえていたという。

「なんでお前が生きてるんや……思わずそうつぶやいてしまいました。前日の十六日には、家族みんなで凧上《たこあ》げをして遊んだんですよ」

「けれども、近所間で救助活動ができたのも、普段のおつき合いのたまものです。子どもを持つ家が、家族ぐるみでバーベキューをしたり、お互いの家を訪問したりしていたおかげで、この家は何人家族か、誰の部屋はどこにあるかなどがよくわかっていました。そのおかげで、他の者も助かったのです」

後日、ご夫妻からいろいろな話を聞かせていただいた。

ご主人のご両親が、たまたま私の寺の近くに住んでおられた。

震災の二日後、「檀那寺がないので、ここで戒名《かいみょう》をつけて葬儀をしてもらえないでしょうか」と、依頼に来られた。この寺は古来、祈願寺で檀家がほとんどないため、寺での葬儀は私が住職になって初めてのことだった。

私は、短い間だったが、両親に精いっぱい愛され、この世の悲しみを知らぬまま浄土に旅立った小さな女の子にふさわしいと考え、「晴安浄光童女」という戒名に決めた。そして、神戸で入院中の奥さんに電話で伝えた。私が初めてつけた戒名が、気に入ってもらえるかどうか心配だった。

奥さんは私の話が終わると、他のことでも考えていたようにちょっと間をおいてから、礼を述べられた。

「あー、そうですか。ありがとうございました……」

小さいが柔らかな声だった。他に二、三打ち合わせをして、電話は切れた。

その二日後の一月二十一日、二十名ほど集まられて静かな葬儀を行うことができた。子どもの棺がどうしても足りないということで、晴菜ちゃんは大人用の大きな棺の中で眠っていた。余計にいじらしさと悲しみが込み上げてきた。

人間の悲しみの中で、子どもに先立たれるほど大きな悲しみはないという。そして、この悲しみだけは時間が癒してくれることはないともいう。本当だと思った。逃げることも縮めることもできぬ人生をそのままに、ご両親は生きていかれるのである。

それから一週間後、奥さんは次女の結菜ちゃんを連れて、初めてこの寺に来られた。その後はご主人ともども何度も来寺され、いろいろな言葉を交わしてきた。ご主人は元気になられたが、しばらくは打ち身のあとが残り、脚も少し不自由そうだった。三歳の次女の結菜ちゃんだけがいつもカンペキだった。

あるとき、奥さんはこんな話をされた。

「長女を亡くして、悔やまれて悲しくて何も考えられませんでした。でも、電話で娘の戒名を聞き、娘はそういう名前になってしまったのだと、そう感じたとたん、あきらめがついたというか、体の中の何かがスーと消えて、楽になりました。悲しみは消えませんが、もう大丈夫です。次女もいますし、なんとかやっていけそうな気がします」

戒名とは本来、出家して仏弟子となった証《あかし》、すなわち「戒《かい》」を受けた名だ。没後、仏となり浄土へ行くと考えるので、仏式の葬儀では、これを期《き》に戒名を受け、以後その名で呼ばれる。しかし、恥ずかしい話だが、戒名にこのような癒しのはたらきがあると、それまで私は深く考えたことがなかった。場が変われば名を変え、思いを断ち切って人は前へ進んで行く。いろいろな仕組みというものは、健気《けなげ》に生きる人間の心を支え、励ます配慮としてもあるのだと、そのとき思った。

幸いなことに、ご主人は仕事を失わずにすんだ。一家のお住まいも一時的に大阪に移したり、近くの友達の家にいたりされたが、二年後には一戸建てを新築して、被災前におられた場所の近くに帰ることができた。お墓も神戸のお寺に決まった。

北山さんご一家からは、その後も近況を聞かしていただいている。

姉の位牌《いはい》があったこの寺を何度も訪れたため、次女の結菜ちゃんはほんの少しだけ、ここを故郷《ふるさと》のように思っているフシがある。

「お店に行っても、〈あ、このお菓子、お姉ちゃんが好きだったからお姉ちゃんの分も買おうね〉と言って、ほしいものをちゃっかり二人分買わしてしまうんですよ。親の弱みをすっかり見抜かれていますね。その頃のこと知らないはずなのに」

奥さんはそう言って苦笑された。

結菜ちゃんは、お姉ちゃんの写真の前に座ってよくお祈りをするそうだ。だんだん語彙《ごい》が増えてきてよく喋るし、お母さんに何でも質問するようになった。

家でこんな会話があったと、奥さんが話して下さった。

「お母さん。リッキョウってパリパリしておいしいね」と結菜ちゃん。

「リッキョウって何のこと」とお母さん。

「えっ、リッキョウじゃなかったっけ。テッキョウ、ラッキョウ……なんだっけ」

「お母さんはご飯の支度で忙しいから、お姉ちゃんに訊いてきなさい」

結菜ちゃんはしばらく写真の前に座っていたそうだ。台所に戻って来た結菜ちゃんに、お母さんが訊ねられた。

「わかったの」

「うん。ラッキョウだった。お姉ちゃんが教えてくれた」

それ以来、結菜ちゃんは時々この手を使うが、いつもわかるそうだ。

お母さんも一度、晴菜ちゃんに助けられたことがある。結菜ちゃんの幼稚園の弁当日の朝方、夢の中で晴菜ちゃんが、「おかあさん。今日は結菜の弁当日だよ」と教えてくれたのである。

「たしかに晴菜の声でした。でもあれ以来、一度も聞こえません」

お母さんは少しさみしそうだった。

大人同士がいろいろ話をしている間も、当の結菜ちゃんは知らん顔で、私の横に座っている妻の膝の上ではしゃいでいる。

元気になられたご両親のもとで、二人分の愛情もおやつもしっかり稼いで、一番たくましいのはやはり結菜ちゃんだった。


六歳に成長した結菜ちゃんは、神戸からタカラジェンヌのような袴姿で、はるばると七五三参りにやって来た。そして、笑顔の記念写真をたくさん残して帰って行った。亡くなったお姉ちゃんの年を超えて、ますます元気だ。

毎年、結菜ちゃんは家族を代表して、しっかりした文字の年賀状を書いてくれる。もう小学校三年生になった。

奥さんの電話では、「最近、鏡の前に座る時間が長くなったんですよ」とのことだ。

次に会える日がとても楽しみである。

あれから二年——出会う人は自分を育ててくれる仏さま

長い期間、大人数の職場にいると、人に会うということの重大さをつい忘れたりしないだろうか。同じ人に毎日、確実に会える。一期一会《いちごいちえ》の反対ともいえる。少々気まずいことがあっても、翌朝、「おはよう」と挨拶をし、またいっしょに仕事をする。運命共同体のような日々の中で、つき合いも深まり、生涯の友人もできる。それはとてもよいことである。

一方、そういう繰り返しの中で、人の心の動きにうとくなるということもある。人に馴れてしまうのである。人にもよると思うが、そのような傾向はあるのではないだろうか。

住職になって寺にいる時間が増えてから、改めてそういうことを考えた。

寺でも毎日かなりの数の人にお会いするが、会社や学校の場合のように、毎日同じ人と顔を合わせるわけではない。次は何ヶ月後か何年後、あるいはそれっきりかもしれない。

人と人が出会うとき、お互いにそれぞれの思いがある。特に初対面の人とは共有情報が少ないので、お互い気をつかう。その結果に責任をとってくれる上司もいない。

まさに一期一会である。

「何かを与えるというのは、単にそのものを与えるだけだが、〝会う〟ということは、その人のすべてを与えることである」という言葉がある。言い換えれば、人と人が会うということは、お互いの宝物を交換しているようなものなのである。

近日中に、いや明日会うとしても、今この時の出会いはやはり一期一会である。

大勢の人と出会う会合でも、瞬間、瞬間においては大勢対自分ではなく、大勢の中の一人対自分である。大勢で寺参りをしていっしょに仏さまを拝む場合でも、大勢対仏さまではない。あくまで仏さま対自分一人である。どんな出会いでも、その根本は、一対一で向き合う一期一会なのである。向き合っている仏さまは、自分だけの仏さまだと考えて信心する。信仰とはそういうものである。そうでなければ、仏と一体になることはできない。

そのような意味においても、日々出会う人はみんな、自分を育てに来ていただいている仏さまなのである。

ところで、話は現実に戻る。

ある晩秋の午後、西宮からという四人の女性が参拝された。四十代から五十代の方々で、一泊旅行だそうだ。みなさん華やいで楽しそうだった。宿は寺からすぐ先にある海べりの旅館だと言われるので、境内をご案内した後、私が車で送ってあげることにした。

車中でも、話はとぎれることなく、にぎやかだった。

しばらくして、リーダー格の人が、運転をしている私の存在に気づき、「ご住職さん、毎日お忙しいでしょうね」と声をかけられた。

実はその日、私は友人の奥さんのお葬式から帰って来たところだった。まだお若いのに、子どもさん二人を遺して病気で亡くなられたのである。本当に悲しいお葬式だった。まだそのことで頭がいっぱいだった私は、それをつい口に出してしまった。しかし、ほんの一言か二言触れたとき、突然みんな黙り込んでしまった。気づくか気づかないほどの一瞬の間《ま》の悪さを感じた私は、すぐに話を切り上げて話題を転じた。雰囲気はまた元に戻り、元気なおしゃべりとともに宿に着いた。

「今日は本当に楽しかったです。ありがとうございました」

と、みなさんに手を振ってもらい、私は宿を後にした。しかし、帰る道中、せっかくの旅行にふさわしくない話をしてしまったという思いが私に残った。その後もなぜか心から消えなかった。自分の未熟が思われてならなかった。

それから二年後の初秋の夕方のこと、境内に出ると四人の女性がちょうど門を入って来られたところだった。その中の一人が近づいて来られ、

「二年ほど前にも参りました西宮の者です」

と言われた。

あのときの方たちだ、と思った。みなさんと懐かしくお話しをし、熟れた山法師の赤い実を食べたりしながら、また境内をご案内した。

しかし、どうも二年前の雰囲気とは違う。あのときの弾《はじ》けるような明るさがない。

「前回、楽しかったので、また一泊で来ました」と言われる。

今回は、二年前に泊まった旅館のすぐ横に立つリゾートホテルだそうで、やはり寺から近い。私は再び車で送ってあげることにした。

道中、私は少し迷ったが、この二年間ずっと気になっていたことを、勇気を出して訊ねてみることにした。

「あのとき、私は余計なことを言いました。……憶えておられますか」

あれは私の杞憂《きゆう》で、もう何のことか憶えておられないかもしれない、そういう期待が実はあった。ところがどうして、しっかりとした声で「はい」という返事が返ってきたのである。

「実は、今日のメンバーは前回とは違うのです。一番若い人が、あの後すぐ、ガンで先に逝《い》ってしまわれました。あの頃かなり進行していて、せっかくの旅行だったのに、お料理あまり食べられなかったんですよ」

この言葉で私はすべてを了解した。この二年間の私の気がかりは、やはり根拠があったのである。雰囲気の違いは、一番若い人の代わりに、一番年配の人が参加されたからかもしれない……。

「申し訳ありませんでした」と言った私に、「とんでもない。私たち仲よしグループの最後の旅行で、彼女にとっても本当に楽しい思い出になりました。みんなでまた行きたいと言って、今日は新しいメンバーもお連れしたんですよ」

とこたえていただいた。私は心の靄《もや》が晴れる思いだった。

このリーダーの方は、甲子園球場にお勤めで、私の息子が阪神ファンだと話したことを憶えておられて、数日後、タイガーズグッズをどっさり送って下さった。

この方たちと再び会えたのは、本当にありがたいことだった。

人間は立体である。自分もそうであるように、誰にもたくさんの思いやそれぞれの人生がある。しかし、時間も機会も限られている。思っていることがいつもすぐに伝えられるわけでもない。私どもは、いろいろな思いを先送りしながら、また会える日を楽しみにしている。何年かぶりの懐かしい友との再会は、人生の中でのハイライトの一つでもある。

みなさんも、一年か二年に一度の出会いを楽しみにしている知人、十年ぶりに会いたい友など、何人もの顔が思い浮かぶのではないだろうか。

「戦争なんてとんでもない」
——あるイギリス人一家との交流

一年ぶりにリチャード一家が顔を見せてくれた。

彼はイギリス人の造形作家で、一家は大阪郊外に住んでいる。彼はブロンズや樹脂で最大五百キロの重い彫刻を製作している。置場所は公園や庭園などで、移動するのにいちいちクレーンを使う。それだけで大仕事だそうだ。「もっと軽いものは作らないの」と訊くと、いつも黙って笑うだけだ。顔が、ノーと言っている。

奥さんは日本人画家で、縄文原初をアートするというむずかしそうなテーマで、動物や花の密集した濃密な命の賛歌という感じの絵を描いておられる。「空白への恐怖」と言われる、あのビザンチン美術の文様《もんよう》のようである。

それを言うと、「あの気持ち、よくわかるんです」と言われる。

十歳の息子ジュウドと七歳の娘シオンは、ますます明るく活発な子になっていた。

十月の午後である。

「裏の庭に今、しおんの花がいっぱい咲いていていてきれいだよ」

と私が言うと、

「わたし、しおん嫌い。バラの方がずっといいの」

と、シオンはにべもない。なぜか不満そうだ。

ジュウドが間髪《かんぱつ》を入れず口を出す。

「やっぱり自分より美しいものにあこがれるんだな」

シオンは口をとがらせて横を向く。なんの、なかなかの美少女である。金髪の小学生二人は、しばらく大人顔負けのウィットの効いた英語交じりのやりとりを続けた後、急に仲直りをして庭の方に遊びに行ってしまった。そのままついに部屋に帰ってくることはなかったが、その間、両親はまったく意に介さないというふうだった。

静かになると、リチャードは先程から手に持っていた本を机の上に置き、声を出してゆっくりと読み始めた。マザーテレサのような修道女の書いた本で、そこは平和や愛について書かれている部分だった。「地球上のすべての人に平和と幸福が訪れるまで、私は活動することと祈ることをやめない……」そういう内容が続いていた。

彼は時々視線を上げて、聞いている私や妻や彼の奥さんの同意を確認しながら読みすすめた。ニルヴァーナ（涅槃《ねはん》）という言葉が何度か出てきた。いつもの彼のやさしい声が、今日は弱々しく聞こえる。見ると、彼の目は少し潤んでいるようだった。

その日はちょうど、アメリカ軍がアフガン空爆を開始した日だった。

「中東からネパールにかけたあの地方は、ムスリムとヒンズーと仏教があり、さまざまな民族や宗教があります。歴史的な宝の場所です。戦争なんてとんでもない。とても大切にしなくてはならない地域です。私たちキリスト教徒も深く祈るばかりです」

そう言う彼は、家族の小旅行中にぶつかったこのニュースに、すっかり消沈しているようだった。

「……あなたも祈りますか」

ひとしきりのあいだ宗教の話をした後、彼は私に訊ねた。

私は私の生活のこと、仏教徒も同じ気持ちであることを伝えた。

そして、真言宗の宗祖である弘法大師も、先の修道女と同趣旨のことを述べておられることも伝えた。有名な「虚空《こくう》尽《つ》き、衆生《しゅじょう》尽き、涅槃《ねはん》尽きなば、我が願いも尽きぬべし」※1という言葉で、「この無限に広がる大空が、生きとし生けるものすべてが、悟りの境地が、この世にあるかぎり、ご自身の衆生救済の願いが尽きることはない」※2という意味である。

リチャードは大きくうなずいて少し安堵したように見えた。

このあたりのことに関連して一つのことを追加させていただく。

私は教育テレビの「心の時代」を、時々見る。いろいろな経験を持つ人が登場して話をされるので、とても勉強になる。その中の一つとして、大阪の牧師さんが言われた「自分を中心にしない生き方」という言葉が印象に残っていた。この番組は、仏教をテーマにしたものが多いが、キリスト教を扱う週もある。

リチャードが来てからおよそ一ヶ月後、ある集まりで二人の若いアメリカ人と同席することがあった。最近は学校の英語助手として英語を母国語とする人が、どの町にも住んでいる。リチャードの件もあったのでよい機会だと思って、「あの牧師さんの言葉は聖書にあるのだろうか」と訊いてみた。すると「たしかマチューにそのような話があったと思う」と即答してくれた。英米人の社会的関心の強さと宗教的教養には驚くことが多い。聖書や宗教教育が国の文化の基底に沁み込んでいる。

後日、訊ねたりして調べたのだが、この話は、「マタイによる福音書」六章の一の「自分の義を、見られるために人の前で行わないように、注意しなさい……」あたりのことだろうということになった。仏教の布施の三輪清浄《さんりんしょうじょう》※3に一部対応していると思う。

座の話題が移った。

「イギリス人も自然が好きですが、庭作りは大ざっぱです。その分、小さな花や自然の樹木や雑草なども、全体の一部と考えて大切に生かします。ススキに蜘蛛《くも》の巣が張っていたり、余分な枝が突き出ていたり、そういうのがいいのです。このお寺はそういうところもあって、とても好きです」というようなことを、リチャードは言ってくれる。

奥さんも「そうそう」とうなずく。

私も同じ意見なので、これは褒《ほ》め言葉だと思って素直に喜ぶことにした。それから、仕事や絵のことなど、たくさんの話をした。

夕方になって、「今夜、うちでまだ仕事が残っている」と言う二人を、駐車場まで見送った。

それにしてもどこに行ってしまったのだろうと、実は、私は少し心配だったのだが、二人の子どもたちは、車の中でサルのように大騒ぎをしていた。面白くない話ばかりしている大人たちにはつき合っていられない、というわけだろう。

「また、すぐ来る。祈りましょう」

別れ際、身長百九十センチの彼は、真剣な顔をして大きな手を差し出した。

過日、電話をすると、彼はワールドカップのために、サッカーをしている人の大きな像を造って、岡山に送る作業中だった。これがまた重くて、奥さんによると、「家から出すのに、朝からしゃかりきになっている」とのことだった。

※1　弘法大師晩年の高野山での万燈会の願文。『性霊集』。
※2　高野山大学教授（当時）松長有慶氏の訳。
※3　布施をする場合、布施をする人・布施を受ける相手・布施する金品の三つがいずれも汚れのない心や物であるとき、正しい布施になるということ。

幸せと自分らしさ（一）——ゆっくりでもマイペースで取り組む

倉敷から来られた方と話していたとき、戸惑ったような表情をして次のようなことを言われた。

「私の母は八人兄弟姉妹の末っ子なので、最近は毎年くらいお葬式があるのです。私はそのたびに嘆き悲しむ母の姿を見て、つらくて仕方がありません。私は四十歳になりましたのに、まだ近親や友人の死に遇ったことがありません。特に不幸な経験もないのです。こんなに幸せでいいのでしょうか」

「すばらしいことですよ。もっともっと幸せになって下さい。そして、人にもいっぱい分けてあげて下さい」

こんな何気ない会話をしたことがあった。

幸せな心はいくら分けても減らない不思議なものである。

一本の松明《たいまつ》の火を無数の松明に分けても、元の火が細ることがないのに似ている。それどころか、分けるたびに幸せはより広がっていく。一本のマッチの火も、大きな焚き火になるのである。若草山の山焼きや秋吉台の野焼きのように春を呼ぶこともできる。

聞いてみると、この方もいろいろな苦労をされているが、自分ではあまり感じておられないようだった。それこそ本当の幸せかもしれない。せっかくつかんだ幸せである。しっかりと味わってほしい。幸せを感じる力のある人からは、幸せは簡単には逃げない。そういう人は、悲しい思い出や苦しかった体験さえ、よい思い出に変えてしまう力を持っている。この人間力には不幸も勝てない。

逆に、不幸なときも、自分や他人を責めるばかりで、心ここにあらずといった状態になるのは、ある意味で幸せなときとよく似ている。自分の不幸を客観的に見つめる余裕はなかなか持てないものである。本当のことを言えば、これも少しもったいない。つらいけれども辛抱して、不幸や苦しみの中身をじっくり見極めておきたい。じっくり見た人が強くなれるのである。

この女性のお母さんの悲しみのことだが、これは代わってあげることができない。今まで通りそばにいてあげればいい。悲しみがなくなることはないが、半分にはなるに違いない。そばにいる、話を聞いてあげる。これだけでも、お母さんはどんなに癒されることだろう。

ある方が来て言われた。

「住職。最近、親戚にえらいことがありましてな。遠縁になるんですが、負債を十億円抱えて倒産したんですわ。すべてを失って、残ったのは不良の息子だけですわ。本人たちだけの責任でもないでしょうが、何のために苦労をしてきたんでしょうな。明日はわが身ですわ」

誰にとっても他人事《ひとごと》ではない。幸福感が大きいほど、それを失ったときのショックも大きい。生きていく上で幸せが増えるのはいいが、本当の幸せとはどのようなものかと考えてみると、なかなかむずかしいものである。

（二）

テレビのコマーシャルを見ていたら、残業を終えて雨の中を帰宅した人が、疲れた体をソファの上に投げ出して「アー　ゴクラク　ゴクラク」と呟くのがあった。とても実感が出ていた。この後、熱いお風呂に入ればもっとゴクラクだ。

私どもはこんなことでも幸せを感じる。逆に、うまくいかないことがあるとすぐに、ジゴクだと言ったりする。このややこしい世の中で、一喜一憂しながら暮らしているわけで、地獄や極楽はそこら中に転がっている。なにも急いで本場に行く必要はない。

地獄は自分で作って自分で堕ちるところだというが、もしそうなら極楽も同じはずだ。自分で作って、自分で移り住む。その気になれば誰にでもできる。幸福や不幸に、絶対的な基準はないのだから。

百パーセント不幸で、幸せは〇パーセントという人はたぶんいないと思う。九十九パーセント不幸でも、一パーセントの幸せがある。その逆もあるだろう。私どもは一から九十九までの「幸せ数直線」の上を、隣の人と比較しながら、文字通り右往左往している。

自分はその線上のどのあたりにいるかが、やはり気になるものである。

自分もやっと人並みの暮らしができるようになった。

人並みの家を持つことができた。

これも幸せの一つに違いない。とてもよいことであり、おめでたいことである。しかし、何でも左右を見て比べていたら疲れてしまう。下手をするとジゴクまで行ってしまうかもしれない。

しかし、実際には、私どもは大人になるにつれ、だんだんと自分らしさを基準に物事を考えるようになっていく。気になる他人や世間という基準を取り払えば、残るのは自分だけである。昨日の自分と比較するしかなくなる。他人と比較してばかりでは何か空しいが、昨日の自分と比較すると、おのずと目標が生まれ、やる気も出てくる。

幸・不幸は本来、他人と比較するものではなく、自分の生き方と信念に照らし合わせて自分で判断するものである。

自分を知り、自分なりの目標や信念があれば、「私は私」、「オレはオレ」と言えるようになる。他家の生活や、知人の持ちものに心を奪われることもなくなる。

「私は今日は、一人でのんびり過ごす」

「オレは他に目標があるので、車は当分の間、これでいいんだ」

こんなことでも、自分なりの思い切りをすることによって、心は落ち着く。これらのことは、友達はどうするのだろうなどと、そもそも考える必要のない事柄である。

特別立派なことができなくても、「自分は自分」と言えるようになれば、それだけでも、人間、かなり一人前ではないだろうか。友達と仲よくすることはとても大切だ。それと同じほど、自分のペースで幸福感を味わえる人が、自立した大人なのである。

表面的に華やかで、楽しそうなのが本当の幸せでもない。自分を好きになり、自己肯定できることが、充実感や幸福感の土台となる。自分らしさのない自己表現は、本当の幸福感を与えてくれないし、長続きもしない。いわんや人を幸せにすることもできない。

人生経験が進めば、目標や信念が変わることもある。成長したのだからそれも自然なことだ。そして、今度はその新しい目標に向かって進む。新しい信念のもとに、物事をゆっくりと考えればよい。ゆっくりでもマイペースで取り組む人に、幸せが近づいてくる。

生き方が定まることも、幸せの大きな要素である。

都会でのエリート人生をなげうって、親の介護のため九州の田舎に帰った方がおられる。

この方は、「後悔のない人生を選ぶことにしました」と話しておられる。塾をしながらの生活で、収入は三分の一になった。しかし、「言葉で説明できない安らぎを感じる」と言われる。

恋多き女性が結婚した。この人と生きる、と言える人に巡り合い、生き方が定まったのである。「幸せです」という言葉に万感がこもっていた。

なんとなく生きていることが、一番こわい。

受験勉強をするにしても、恋をする場合でも、会社で頑張る場合でも、「なんとなく」という考えでは、うまくいかない。目立つことをする、というのではない。誠実に、ごく自然に取り組んでいれば十分なのだが、それがむずかしい。いらぬところに力が入ったり、反対に、すぐにあきらめたりということになりがちだ。人間として、また自分の人生を生きる個人として、何を優先させるかを、日頃から自分に問い続けなければならない。

七十代になっても、八十代になっても、二十代と同じような悩みを抱えている人たちの話を読んだことがある。何らかの理由で、生き方が定まらなかったのであろう。そうなると、本当にさみしい人生になってしまう。このような人はごくわずかだが、やはりおられるのである。

禅の大家で、有名な鈴木大拙師は、九十六歳まで生きられた長寿の方だった。晩年、弟子に向かって、「人間やっぱり、長生きはしてみるもんだなあ」と言われた。弟子が、「なぜですか」と問うと、「九十になってわかることがある」と答えられたそうだ。師のように見事に生きられた人でも、このように言われるのである。道を定めて、一生懸命に歩んでも、人生には、七十になって気づくこと、八十になって思い当たること、九十になってわかることがあるという。生きていく上には、このような過程があることを教えられる。

私どもは凡人なので大それたことはできないが、そのような気持ちで、毎日を大切に生きたいものである。

（三）

毎年四月一日、この寺の日切《ひぎり》不動尊の大祭がある。

この日は、近在の寺々の住職方のご助法もお願いして柴燈大護摩《さいとうおおごま》祈願が行われる。

ある年、一人の男性が娘さんを連れてお参りされた。娘さんはスチュワーデスをしておられたのだが、最近お見合いをして、今、真剣にご交際中とのことだ。相手の男性はとてもよい人らしく、娘さんはもう九分九厘、心を決めておられた。

「今日、最後の決心をしたいと思ってお参りしました」

娘さんはそう言って挨拶され、二人は護摩の会場である不動堂前広場の方へ行かれた。

柴燈護摩では、開始直後、法弓師という役の修験者が護摩壇の四方と中央などに向けて、六本の魔除けの矢を射る。矢のそれぞれに黄・黒・青・赤・白などの色の羽がついている。危険なので上に向けてわずかに飛ばすだけであるが、参拝の善男善女はその矢が拾えると縁起がいい、と昔から言われている。

娘さんはそういうことはもちろん知らなかったらしい。その矢が彼女の方へ飛んできたのである。周囲は参拝者でいっぱいになっている。娘さんは取れるなどと夢にも思わず、晴れた青空に向かって手を伸ばした。そして、矢をつかんでしまった。赤い色の羽だった。

「ありがとうございました。きっと幸せになります」

そう言って二人は晴れ晴れとした顔で帰られたと、その日の夕方、妻が話してくれた。

「こういうこともあるのですね」と、しみじみとした口調だった。

不動堂（画・森　要義）

十円玉の力——発奮して支店長になったKさん

心に張りのない生活はさみしいものである。したいことがはっきりしない毎日も空しい。しかし、自分が乗っている船の当面の針路がわかっていれば、希望がわく。役に立つ積み荷を運んでいるとわかっていれば、もっといい荷物にしようという工夫も出てくる。これだけは、学生さん、社会人、主婦の方、熟年の方など何人《なんぴと》を問わず、私どもすべてに当てはまる。毎日の自分の過ごし方を時にはじっくり眺めてみる。気づくこと、知ることからすべてが始まるのである。

特に、忙しく働く人たちにとっては、人生イコール仕事、仕事イコール心の持ち方ではないだろうか。人生、ただ忙しいということも確かにある。しかし、ずっと忙しいだけではつまらない。その忙しさの中に、何かの種を蒔《ま》いておく。忙しさを楽しみのある忙しさに、少しでも変えていきたいものである。

ある場所で知り合うことになった某都銀の支店長のKさんは、何度目かの出会いのとき、しみじみと言われた。

「あのときの十円が、私には本当によかったんです」

Kさんは団塊の世代である。卒業してその銀行に入り、元気に仕事をしていた。はじめてのボーナスをもらったとき、同期の友人と見せ合ったところ、なんと自分は十円少なかった。同じように頑張ってきたつもりのKさんはショックだった。額の問題ではない。たとえ十円といえども、れっきとした差だ。大きな失敗をした記憶もない。上司に説明を求めたが、具体的なことはわからないという返事だった。

それからKさんの奮闘が始まる。仕事はいうまでもなく、お客さんや同僚との交わりの中でのちょっとした言葉遣いや態度、判断もいいかげんにせず、心を込めて取り組んだ。勉強もよくやった。これはいいと思うことは、若い人からも見習うようにした。

「心中、期することがあると、毎日が以前より充実したものになりました」

その甲斐《かい》あってか、Kさんは同期に先駆けて支店長になった。

当時を振り返って、Kさんは言われる。

「はじめは悔しいというより、なぜなのかと真剣に悩みました。あげく、自分が成長するよりほかにないと考えたら、俄然やる気が出ました。それ以前は目の前しか見えていなかった感じです。あの件は、何かそのあたりに原因があったのかもしれませんね」

「上得意のお客様でも、不公平で無理難題を持ちかける人には、こちらから商談を打ち切って怒らせてしまったこともあります。後で上司に叱られたり、いろいろありましたが、不思議に自信を持ってやれました。若かったんですね」

苦労話のはずだが、誠実なお人柄のせいで、どこかおかしみさえある。自分に納得のいく行動をしてこられたので、悔いが少ないからだろう。

「〈お前には負けるよ〉と言いながらも、同僚たちが気持ちよくつき合ってくれるのがうれしいです。あのとき、逆に十円たくさんもらっていたら、今の私はなかったでしょう」

こういう人は仕事はできても、まるきりの会社人間ではない。Kさんは長男ではないが、お正月には田舎から夫婦両方の両親、計四名を招き、泊まりがけでゆっくり過ごしていただいているという。当然ながら、四人のお客はこれがとても楽しみだそうだ。

「一年中、面倒を見てくれている兄貴夫婦には、頭が上がりません」

ちゃんとわかっておられる。

家族サービスをはじめ、親戚のオイやメイの面倒見もよい。近所での地域活動にも積極的に参加しておられる。すでに隠居されたかつてのお客さんの間でも人気が高く、時々食事に誘われるそうだ。よくある企業戦士とひと味違う忙しさのようだ。

この世は思うようにならない。いつだって文句を言いたい。しかし、そこにとどまれば、短い人生は不満のうちに終わってしまう。役職が上がることだけが大切なのではない。不運と不幸は違う。不運も不満も正面から受け止め、なんとか健康を保ちながら前向きに奮闘できることは幸せだと思う。自分が望み、体を動かす方向に何かが後押ししてくれるという、不思議な力もこの世界には働いている。

Kさんには仕事ができる頼もしい人というだけではなく、体からあふれる爽やかな空気がある。話し上手と言うわけではないが、話題の選択も口を切るタイミングも絶妙だ。自然体なのでお互いに疲れない。自立した人とお話しするのは、とても楽しいことである。

私はKさんなど友人や知人が次々と退職する日を、実は、心待ちにしているのである。

「シャー」と流す――「捨てる」ことの大切さ

考えてもどうしようもないことがある。

たとえば「明日の天気」。天気予報も当たるとはかぎらない。一晩中考えても、確実なことはわからない。だが、朝起きればわかる。降っていれば傘を持って行く。運動会なら中止。人間の力を超えたことは、神仏におまかせするしかない。

「昨日のこと」もそうだ。穴があったら入りたいような思い出、気楽に口に出した言葉があの人を傷つけたのではないかという後悔など、いろいろある。

「人に傷つけられても眠ることはできるが、人を傷つけたら眠ることはできない」という言葉が沖縄にある。そのように後悔しても、過去はやっぱり戻らない。未熟だったと反省し、これからはもう少し精進する。そうすれば失敗も赦《ゆる》してもらえる日が、いつか来るのではないだろうか。過去を消すことはできないが、葬《ほうむ》ることはできる。自分の失敗は、自分の力で取り返すしかない。神仏も応援して下さるはずだ。私もそう考えることにしている。

失敗した後は後悔するが、記憶は薄れていく。そのおかげで少し取り戻した力を前向きに使わせてもらう。全部憶えていたら頭がパンクする。年をとるほど判断力が進歩するというのは、忘れる量の多さのおかげかもしれない。それなら早めに忘れた方がよいことになる。

高名な仏教学者の紀野一義先生が講演を終えた後、病気で余命が長くないと宣告された男性が話しかけてこられたそうだ。

「先生、私は死ぬまでに一度謝《あやま》ってもらわないと、死んでも死にきれん人がいるんですが、どうしたらいいでしょう」

「ウーン。でも、それは妄執《もうしゅう》というもンですな。さっぱりと忘れましょう。謝らなかったらどうします。きれいに忘れて、さっささと浄土に行くんです」

と、先生はこたえられた。

するると、その男性は一瞬、黙りこんだ後、

「なるほど、その通りだ。忘れることにします」と言われた。

そして、二人で大笑いされたそうだ。

相手が謝るかどうかは相手が決めることである。他人の手の中にあるものを、こちら側でどうにかしようというところに無理がある。こちらとしては、赦すか忘れるかの二道しかない。どうにもならないことは早く断ち切って、残り時間を大切にした方が得である。

努力をしてもどうしてもほどけない「結び目」は、切って「捨」てる。もつれた紐の後始末と似ている。この「捨《しゃ》」というのは、仏教で重要な考え方の一つである。こだわっていては先行きしない。できるだけ広く公平に見た上で、ほどほどのところで断を下す。余計なものは何でも「シャー」と流してすっきりするのがいい。

釈尊によれば、子はかわいい、財産は大切だ、などと言っているのは、「自分が一番かわいい」と、自己中心的な考えに執着しているのとまったく同じなのだそうだ。

自分の心や体すら思い通りにならないのに、自分の子や財産、いわんや他人が思い通りになるはずがない。この世の一切に、わがものと言えるものはない。相手が子どもであろうと財産であろうと、「自分のもの」という考えを捨てて、厳しく誠実に対応することが、それらを真に大切にすることだというのである。

　このように、釈尊は「われらは一物をも所有していない。大いに楽しく生きていこう（法句経《ほっくきょう》）」と、呼びかけておられる。

　日常の感覚では、「捨てる」という言葉にはマイナスイメージがある。

　一遍上人の「捨てて捨てて軽くなる」という言葉を読んだとき、はじめその意味がよくわからなかった。本来の純粋な自己に取りついた妄想も執着も捨てて、一切がなくなるときにすべてが成されるということだと勉強して、今ではそのように理解している。

　しかし、捨てる境地まで行っていないのだから、本当のところはむずかしい。

　現代社会を見ていると、「捨てる」ことの大切さがわかる。私どもは、あれもこれもと抱え込み、神経をすり減らしているからである。

　鴨長明の方丈《ほうじょう》の部屋、良寛の五合庵には、余計なものが何もない空間や時間の豊かさが感じられる。何もない部屋の隅々にまで自分の五感が広がり、大きなものと合体する。そんなイメージがある。幼いとき、がらんとした古い山寺に育った私は、わかるような気がするのだが、実際には、なかなかそのような生き方ができない。

少し横道に入るが、長い人生の中では、身に覚えのない悪口を言われたり、誤解を受けることもある。なぜかと問うてみても、説明してくれる人などいない。それで苦しんでいる人も多い。

悟りを開いた後の釈尊ですら、百家争鳴《ひゃっかそうめい》の時代のインドにあって、他の考えを持つグループから非難を受けられた時期があった。

〈多くを語っても、少なく語っても、そのどちらでなくても、人は非難される。我が道を行くべし〉

これが釈尊の思いきりだった。

誰でも、人からよく思われたいと思う。着飾ったり見栄を張っているうちに、自分までごまかしてしまう。私どもは、妄想の中で息をしているようなものである。

結果的に、自分で自分を苦しめる。ここでも余計なものがなかなか捨てられない。

私どもの周辺には、人生の目標からそれることがないように、整理しなければならないことがあまりにも多いのではないだろうか。

花筏

五　花の香り

同行二人――花寺巡拝、ベテランのお二人のこと

まず、門で立ち止まり、一礼してゆっくり境内の中へ入って来られる。

遠目にも、もう顔が笑っているのがわかる。木村さんの三十二回目の花寺巡拝だ。

「こんにちは。ごくろうさんです」

私は大きな声で呼びかける。

「見つかっちゃいましたね。また来ましたー」

「無事、着きましたか」

「そこの神社でお弁当を食べてたら、後からトンビが飛んできて、カラ揚げをさらわれちゃったんですよ。あの話ホントだったのね。考えてみたらトンビだってお腹が空くわよね。オホホホホホ」

木村喜代子さんは小学校の先生を退職されて約十年になる。

いつも底抜けに明るい。前向きで、ひたむき。何でもプラスに解釈して楽しんでおられる。四姉妹の長女で、父親を早く亡くされたため、木村さんが親代わりで妹さんたちの世話をされた。それで生涯、独身を通されたのだが、三人の妹さんやそのお子さんたちが、木村さんをとても慕って大事にしてくれるのだそうだ。

「わたしはもう幸せで幸せで、何も言うことないんですの」

本当に純粋な心をお持ちの方で、柔和な笑顔以外は見たことがない。現役時代は、子どもたちとのやりとりを楽しみながら仕事をしておられただろうことが、容易に想像できる。大阪を起点に、一人で電車を利用し、寺巡りの他にもいろいろな活動をしておられる。阪大の犬養先生の有名な「万葉集講座」の熱心な聴講生で、月一回は万葉の故地巡りもされていたが、先生の没後その方面は足が遠のかれた。その分、巡拝の速度も上がる。

この数年で優に二十回は、木村さんを境内で発見して、いろいろなお話をさせていただいてきた。木村さんは言われる。

「あんた、そんなに何回も同じとこばっかし回ってよう飽《あ》かへんな、って友達に言われるんですが、わたし飽きんのですねー」

「どうしてですか」と私が訊ねると、

「花は二週間で咲き変わるでしょ。それに、電車の窓の外の山も季節が移ればどんどん変わるし、隣の席の人も違うしお天気も違うし、毎回新鮮なんですね。待っていてくれるお花もかわいくて、かわいくて」

木村さんには、花が教え子の小学生に見えるのではないだろうか。

駅から寺まではいつも徒歩である。この寺の場合は十五分くらいだが、一時間以上かかる寺もある。電車や路線バスの経路、時間、待ち時間はすべて頭に入っている。明日出かけるという夜は、遠足に行く子どものように、うれしくてたまらないそうだ。そしてカメラと弁当を持って、いそいそと出かけて来られるのである。

あるとき、木村さんはこの寺の境内で、ご自分と同じくらいの年代の女

如意寺本堂（画・森　要義）

性とたまたまいっしょになられた。やはり大阪の方だった。二人とも帰りの列車が同じだったので、私は二人を駅まで送らせていただいた。

後で聞いたのだが、この女性はその夜、城崎《きのさき》泊まりの計画だった。途中で「あなたも来ればいいのに」と誘われて、木村さんは、「そうね」と提案にのったのだそうだ。

「一晩中、しゃべって、

しゃべって楽しかったワ。住所もそんなに離れていない人で、お友達がまた増えちゃいました」

次に来られたとき、木村さんは私に報告して大哄笑《こうしょう》された。

何年か前、山歩きでつまずいて足を骨折。入院と二度の手術という大事件があった。しかし、一年ほど休養して杖で歩けるようになると、すぐに現役復帰された。

はじめは、見ていて少し危なげだった。それから二年、すっかり元通りのたくましい歩きが戻った。

「わたしも実は信じられないんですけどね。治っちゃいましたね。オホホホホホ」

今度は、会心の笑みであった。

木村さんにはおよばないものの、五回目、六回目の人は多い。

その中で、まだ五十代でとても元気で行動的な男性、馬野さんがダントツだ。やはり大阪の方だが、巡拝はその頃すでに二十七、八周目だったようだ。馬野さんもウォーク派で、休みを利用して巡拝や山歩きをしておられる。きびきびしてマイペース。いかにも仕事のできそうなタイプの方である。

その夏、リュックを背負って境内を歩いておられる馬野さんが、ちょうど私の目にとまった。暑い日だったので、玄関の板場でアイスコーヒーをご接待して、列車までの時間しばらく四方山《よもやま》話をした。

「この間ね、摩耶山天上寺へお参りしようと思って出かけたら、ロープウェイの虹の駅で、木村さんにばったり会いましたよ。そういうこともあるんですな」

と、馬野さんは面白そうに話された。

馬野さんの巡拝もすごいが、一年に数周も巡拝しておられる木村さんが相手だから、出会う確率はいよいよ高いですねと言おうとして、私はあることを連想した。四国八十八カ所を、今も巡り続けておられるという弘法大師のことである。

「ギャーテイ、ギャーテイ」と般若心経をお唱えしながら、路傍に花咲く四国のお遍路道を歩いていると、ふと誰かに追い越されたように感じることがある、という話は有名である。お大師様は鍛えておられるので、常人より足が数倍速いという説もある。見えないお大師様と共に歩いているから「同行二人《どうぎょうににん》」という。巡礼は一人で歩いても一人ではない。

お大師様といっしょなのである。そのお大師様に確実に出会うことができるよう、時々、逆打《ぎゃくう》ちをすることもある。

「木村さんは現代のお大師様みたいですな」と、私がそのとき思ったことを言うと、「いやー、ホントだ。まったくです。また、道中で会えるといいですね」と、馬野さんは楽しそうにこたえられた。

〔追記〕

その年の十一月初旬、花梨《かりん》の大きな実が枝先をたわめ、山法師《やまぼうし》やタデの木の紅葉が最も美しい季節、木村さんはこの寺で三十三回目の大々成満《じょうまん》を迎えられた。私は記念に「虚往《きょおう》實帰《じっき》」と書いた色紙を贈呈した。虚しい気持ちで行っても充実した気持ちで帰る、という意味に解釈できる。弘法大師のよく知られた言葉である。

その後、お二人はそれぞれ他の札所で、四十五回目、四十回目の成満をされた。お二人それぞれの「同行二人」の旅は、まだまだ続きそうである。

「何もないと思っていた」

――懸命に生きる人には、いつか花が開く

境内に出ると、団体参拝で来られた年配のご婦人が、にこにこ笑いながら近づいて来られた。

「今日はいい天気やし、本当に気持ちがええですなあ。お寺参りはやっぱしええもんです。私は寺参りも墓参りもようするんでっせ。お寺参りは散歩がてらでは続きまへんわ。やっぱり信仰心もって、仏さんに呼ばれて行くんですわ。この年になるとけっこう、ええこともぎょーさんあるもんで、ありがたいことですわ」

暖かい春の陽射しの中、しばらく立ったままでお話しをうかがった。

この方は、四十五歳で倒れたご主人を二十年間看病して、そのまま見送られた。その間、二人の男の子を女手一つで育て上げられた。二人とも高校の建築科を出て、今は建設会社で信頼されながら技術者としてご活躍。やさしくて、とてもよくできた息子さんたちらし

い。

「ええ息子にはええ嫁が来ますなあ。嫁が二人ともようしてくれましてな。私はあんまり丈夫やないんですが、かえって長持ちしましてな。こうして気楽な旅をしょっちゅうさせてもらえるのも、二人の嫁たちのおかげですねん」と言われる。

「それは追い出されとるだけですな」と、返す私。

「アハハハハハ。親がええと、ええ孫ができますなあ。孫たちも、おばあちゃんはよう墓参りするなと言っとりますねん。二人とも大学生になりましたけど、昔と同じように、よう ものを言ってくれまして、買いもんにも散歩にもついて来てくれますわ」

「苦労も吹っ飛ぶでしょう」

「アハハハハハ。若い頃は、夫は倒れるわ、金はないわ、運はない。仕事もろくろくあれしまへん。私には何もないなと思うて、無我夢中でやってきたんですが、やっぱし何もないっちゅうことはないんですな。今になってようわかりましたわ。おかげ、おかげですわ。あー、今日はホンマに気持ちのええ旅させてもろたわ」

存分に語られた後、この方は三度目の高らかな笑い声を残して、しだれ桜がまだ残る境内に消えて行かれた。私のコメントを聞く気は、さらさらないようであった。

〈何もないと思っていたのに、実はいっぱいあった……〉

いい言葉だなあ、と心に残った。

「色即是空《しきそくぜくう》。空即是色《くうそくぜしき》」とか、「諸行無常《しょぎょうむじょう》。諸法無我《しょほうむが》」などという。

これらは仏教がこの世の真の姿をズバリと表現した言葉である。

〈すべてはうつろい、形を変えていく。変わらぬ実体というものはない〉

ということである。

「何もないと思っていたのに、実はいっぱいあった……」

「あると思っていたが、実は何もなかった……」

一見、正反対であるようなことが、どちらも言えるわけで、振り返れば私どもの人生はこんなことばかりである。

今日あったものが明日は、今年あったものが一年後には、もうなくなってしまう。会社も栄枯盛衰を経る。愛《いと》しい人は亡くなる。自分も年をとる。この世にいつまでも変わらず頼りになるものはない。

だからといって、手をこまねいているわけにはいかない。私どもは、現実に追われながらも、その空しさやさみしさを百八十度ひっくり返して、再び豊かで意味ある人生を作ろうと、日々努力している。後ずさりしても、また一歩進むという具合に頑張っている。そして、何もないはずの人生を、実はいっぱいあったと言える豊かな人生に作り変えて、今日の日を迎えている。これこそ人生のすばらしさではないだろうか。

一生懸命に生きている人にとっては、なかったはずのものが、次々に現れてくる。苦しいこともあったが、曲がりなりにもなんとかなった。心配だった子どももそれなりに働いている。仲のよい友達もいて時々集まる。体もそこそこ動いている。あれもこれも、なんとかなって今がある。人生は捨てたものではないと思う。

人生は、仕事や家事、子育てなどに追われ、またたく間に過ぎ去っていく。この方は、さらに大きなハンディをかかえて大変な苦労をされた。卵のカラは外から見てもわからないが、中では着実に命が育っている。そして、ある日突然、カラが割れて雛が出てくる。親鳥がお腹の下に抱いて温めるという平凡な繰り返しが、いつかすばらしい花を咲かせる。

亡くなられたご主人の思いもあろう。家族の一大事に働けなかった無念が、祈りとなって通じたのかもしれない。たとえ一方が浄土にいたとしても、夫婦の心が一つになって咲かせた花である。これも遠距離恋愛の一つかもしれない。老いたりといえども、立派な花の時期なのである。

頑張っているわりにうまくいかない。

人生には、むしろそういうことの方が多いかもしれない。しかし、そういうときは少し立ち止まって、自分のためだけという気持ちになっていないか考えてみたい。「人生は貸し越しくらいでちょうどよい」と言うではないか。

それとも、花はいまだ開かず、もう少し時間が足らないのだ、と考えてみてはどうだろうか。時が満ちれば、花は必ず開く。今は、つぼみを丹精し、卵を温めているときなのである。

私はこの方の人生最良の時期に会わせていただいたのであった。

一瞬、仏が現れる——あるクリスチャンとの出会い

奈良での講演を終えた帰りのことである。近鉄電車を降りた私は、大阪の環状線鶴橋駅のホームに立って梅田へ行く電車を待っていた。先の電車は出たばかりで、ホームにはたまたま誰もおらず、何か抜けたような空気が漂っていた。その日の予定を終えた私はホッとしていた。

彼が現れたのはそのときだった。広いホームの向こうから、一直線にこちらに向かって歩いて来る中年のサラリーマン風の男性。遠目にも笑顔いっぱいなのがわかる。懐かしい友に声をかけるように、片手を上げてヤーヤーと言いながら、どんどん近づいて来る。見覚えがない。これは人違いだなと思った瞬間、私は自分の黒い僧服姿に気がついた。おまけに袈裟《けさ》をかけ雪駄《せった》をはいて、手には紺の風呂敷包を抱えている。人違いするはずがない。坊さんと見て話しかけようとしている……。

そう思いついたとき、その人はもう目の前に迫り、第一声が飛んできた。

「いやあ、最近の日本はなっとりませんなあ。地球環境だってここでなんとかせんと。せっかく立派な宗教が日本にはたくさんあるんで、協力してやっていかなあきまへんな」

これは単なる序曲だった。その人は立て続けにいろいろな話題を繰り出してこられた。多弁な人だと思ったが、もっともな内容ばかりである。お話ししているうちに電車が来たので、私たちはいっしょに乗り込んだ。

前の方にちょうど二人分の席が空いていたので近づくと、椅子の前に紙屑が落ちているのに気づいた。あ、ゴミ……と私が思うより早く、この人の体がスーと沈んで、そのゴミを拾いあげ、くしゃくしゃと小さく丸めて、肩から下げた自分のバッグに入れた。そして、席に腰を下ろして、「ところでさっきの件ですけどなあ」と、すぐに話の続きに戻られた。アッという間の出来事だった。

〈この人は本物だ〉瞬間、私はそう思った。話に夢中なようでいて、ちゃんと周囲を見ておられる。しかも、ゴミを落としてけしからんとか、オレが拾ってやろうと言うでもなく、それは流れるような自然な動作だった。

それから電車が梅田に着くまでのわずかな時間、私たちはあれこれと話した。

この方はクリスチャンだった。十一歳で洗礼を受けられたそうだ。遊びたい盛りになぜですか、と私が訊ねると、「父が亡くなり、当時通っていた教会の牧師さんに勧められたのです。それまで無邪気だった私は、人の命について考える静かな少年になりました」

静かな少年だったのである。

「……奇《く》しくも息子が十一歳のとき、牧師になりたいと言い出して洗礼を受け、神父になる大学に進みました。今、北区の方の教会にいます。いつか会ってお話しして下さい……」

などと言っていただいた。

短い時間だったが、お互い頑張りましょう、と言い合って別れた。多方面に関心を持ち、しかも、サラリとした人だった。


人には誰でも、一瞬、仏が現れるときがある。鍛えられた職人芸や技術、そしてまた内に秘めた深い思いなどがあると、外の条件が整ったとき、その両方が一瞬のうちに融合して一つになる。そして、キラリとその姿を現し、またすぐに消える。虹やオーロラのように儚《はかな》いが、確かに存在していて、人の世を照らし出してくれる。

法（真実）はいつもそこにあるが、人の働きを通してはじめて表に現れる、と仏教では考える。真実はこの世の至るところに存在している。しかし、人間がそれに気づいて行動や言葉で表現しないかぎり、せっかくの真実もないのと同じである。それを見つけ出して伝えるのは、人間の役目である。

時として、不可能に見える行動をあっさりとこなしたり、人間業と思えないほど五感を働かすことができる人がおられる。もっとも、それができるためには、一段上の努力や感性を要するのだが。一九九六年に来日したロシアの若い音楽家が、「悪になる力は常在しているが、善は努力して行動したときのみ現れる」と、朝日新聞のインタビューで語っておられた。同じ考え方だと思った。

また、このクリスチャンの方が、ゴミを拾ったことを自分では意識しておられない様子を見て、「他人の仏性は見えても、自分の仏性は見えない」と、詩人でありかつ敬虔な門徒さんである榎本栄一氏がどこかに書いておられたことを思い出した。はからいを捨てるのが慈悲の本質だから、自分の仏性は見えなくてもいいということではないだろうか。

それを、つい「自分が」「自分が」と主張してしまう。振り返ると赤面することばかりである。

普段は肩の力を抜いて、気楽にしていればよい。いつも緊張しているとすぐに疲れて、「やめた」ということになる。長続きすることが大切である。

多忙な毎日の中で、私たちは適度にバランスをとりながら生きている。飲んで、たまにはくだを巻くのもよい。腹を出して昼寝をするのもいい。しかし、心はできるだけ働かせて、周りの人の役に立ちたいものである。

いつ、どこで、どんな出会いがあるかわからない。時は四月、私は、少々強めの春風に吹かれてしまった。

〔追記〕

一九九五年頃であろうか。私は、榎本氏の『無上仏』など六冊の詩集を買って読む機会を得た。その一編を寺のパンフに引用する許可を得るため、東大阪市のご自宅に突然の電話を入れさせていただいた。奥様に用件を伝えると、「主人に訊いてきますのでちょっとお待ち下さい」と言われた。そして、待つほどもなくすぐに、「どうぞご自由にお使い下さい。こちらこそありがたいことです」と、おっしゃられた。素朴で飾り気のない氏を連想させるような奥様のやさしいお声だった。榎本氏は、その二年後、九十四歳で亡くなられた。その詩を掲載させていただく。

　いのちひろびろ
突っかい棒が
ひとつ
またひとつ
ひとりでにはずれ
いまは
わがいのちひろびろ
さて
これから

（榎本栄一　詩）

永遠の青年——人を幸せにした大伯父の思い出

「ここは本当にいい所だね。自然がたまんないんだよ。ユウヤクン」

「君は本当にいいヤツだよ。ユウヤクン」

大伯父が人を悪く言うことは決してない。

どこがいいのか、さっぱりわからないが、褒《ほ》められて悪い気はしない。なんとなくそうかと思ってしまう。十代の頃からかけ続けられたたくさんの温かい言葉が、やさしい笑顔とともに、私の心の中に残っている。

米寿にあと一年というとき、体調を崩し、突然亡くなってしまった大伯父は、私にとって大きな存在だった。大学時代、私の保証人にもなってくれていた大伯父は、私をとてもかわいがってくれた。私も暇ができるとよく家に遊びに行った。大伯母も、私の一つ年上になる息子さんもいろいろと気にかけてくれた。家を離れて暮らしていた当時の私には、大伯父の家は天国の次くらいの場所だった。

私の卒業後も、大伯父は私の寺をよく訪れた。そして、冒頭のように、いつも変わらぬ言葉で私を励ましてくれた。

明治生まれで、当時の高文試験に合格しており、ある財団法人に関わって生涯現役で過ごした。恰幅《かっぷく》もよく豪放磊落《らいらく》。しかも、人の気持ちがとてもよくわかり、面倒見がよい。その上、ユーモアがあり、話がとにかく面白かった。

大伯父のいるところ、いつも楽しそうな笑い声があった。酒を飲むと上機嫌で、面白い体験談をしては、「俺はバカだからな」と言って、さらに大笑いをした。自慢話も苦労話も聞いた覚えがない。「昔はよかった」とも言わなかった。でき上がったものだけを与えて人を幸せにした。その清々しさが心地よかった。

まだ若かった私も、こんなふうに齢《よわい》を重ねることができたら、とよく思った。

大伯母もとてもやさしい人で、遠慮なく遊びに行くことができた。しかし、私の卒業後数年で亡くなられ、本当に悲しい思いをした。

一人暮らしでは大変と、周り中から言われ、やがて大伯父は勧められるままに再婚した。

新しい奥さんに初めてお会いしたとき、私はドラマでも見ているような気がした。亡くなられたおばさんと、姿も雰囲気もそっくりだ。紹介した人もした人で、見事としか言いようがないが、私には大伯父の気持ちがよくわかった。

新しい奥さんもきれいでやさしい方だった。

大伯父亡き後も、なぜか毎年六月の「父の日」に、大きなカサブランカの花束が寺に届く。私はそれを位牌の前に飾って拝む。

毎夏、八月九日、寺の本尊会である「千日会《せんにちえ》」の日には、お墓参りをかねて必ず東京からやって来られる。「ユウヤさんと私の一ヶ月遅れの七夕ね」などと冗談を言って、寺に来るのをとても楽しみにしておられる。大伯父が元気だった頃と同じで、現在もずっと続いている。

そして、大伯父の若々しく粋《いき》な仕草、細やかな心遣い、地球の裏側まで旅行に行ったこと。一人になったときさみしかろうと、墨絵を習わせてくれて、それが今の生きがいになっていること。わずか十三年間の夫婦生活だったが、人生で一番楽しく充実した年月だったこと。そんな思い出をたくさん話して下さる。

大伯父は毎年、花火や灯篭流しが寺の前の湾上で繰り広げられるこの夜、おばさんの語る言葉を通して、居合わせたみんなの中によみがえる。おばさんが見ているのは、空と海を染め上げる花火や灯篭流しだけではなく、大きな背中に紺の背広、いつも背筋をぴんと伸ばして笑っていた大伯父の姿に違いない。

千日会の花火（画・木村吉晴）

話は前後するが、大伯父は晩年、自分の墓をこの寺に造ってほしいと希望していた。大伯父のお子さんたちは「父さん、気持ちはわかるが、お墓参りのこともある。東京近辺で考えては」と助言されたが、大伯父は譲らなかった。

五人のお子さんはみんな多忙の世代。しかも東京近辺や外国に住んでおられる。しかし、お墓ができた後も、以前と変わらず、それぞれのお子さん（大伯父の孫）が高校に入った、大学を卒業した、また出張の途中だと言っては立ち寄られる。法事は親族集まっての大交流会となる。

「親父の陰謀だったな」

やっと、みんな気がついたのである。

自分の中に咲いた花だけを人に見せる。これは至難のわざだ。

弱音も恨みも聞いてほしい。慰めてほしいし励ましてもほしい。普通はそれでよい。

大伯父はあの強さとやさしさをどのようにして得たのだろうと、私は時々考える。いつの日か、自分に似せて開いてくれるかもしれない手作りの花。いつくしみ、手入れを怠ることがなければ、しぼむことはないよ。大伯父の笑顔はいつもそう語っていたように思える。

まだまだ暑いお盆の頃。曼珠沙華《まんじゅしゃげ》の咲くお彼岸の頃。お墓を掃除していると、大伯父の声と笑顔がよみがえる。

「みんなありがとう。海の見えるここがとってもいいんだよ」

「おかげさんです」——信仰で花を咲かせた方々

教え子のSさんは、大学を卒業して近くの町の福祉施設に勤めている。彼女の小さな体験談である。

ある夕方、一人のおばあさんの行方がわからなくなった。よくあるらしい。手分けして施設の内外を大捜索したが見つからない。Sさんはもう一度、遊戯室に入ってみた。すると何か呟《つぶや》く声が聞こえる。電気をつけて声のする卓球台の下をのぞくと、おられた。そのおばあさんは卓球台の下にうずくまって、お経を小声で一心に唱えている。

「山田（仮名）さん、どうしましたか」

と彼女は訊ねた。

「道に迷うてしまってな。暗ろうなるし、雨が降るで雨宿りして心経をお唱えしているん。あんたもすぐお唱えしなさい。何も怖いことあれへんで」

おばあさんはそう言って、般若心経を続けられたそうだ。

「先生、習慣というか、やっぱり信心の力なんでしょうね。全然心配ないっていう態度でした。ボケとかいうのじゃなくて、何かすごいって思いました」

Sさんは感想を話してくれた。


ご夫婦で小さな食料品店を営んでいるFさんは、かなり高齢になられるが、ご夫婦で軽トラックに乗って、今も行商に出ておられる。最近は足が少しお悪いようだが、とても元気だ。

「こんにちはー」

体にくらべて声も笑い声も大きい。

「ごめんよ。もっと早よう届けんなんかったのに。でもこれに乗れるんでありがたいですわ。どこでも行けます。おかげさんで元気にやらしてもらっとります」

いつもこんな調子だ。あるとき、次のようなことを言われた。

「私らこの年になっても、勲章をもらうわけでもないし、褒めてくれる人も誰もおりまへん。だけど子どもを真《ま》っ当《とう》に育て上げた自信だけはあります。みんな素直でええ子です。孫も元気です。それで十分満足しとるんです。自分の人生の通知簿は自分でつけて、ここにしまってあるんですわ。ハッハッハ」

と胸を叩いて、また大声で笑われた。

いつも、「お世話……」と「おかげ……」を繰り返して帰って行かれる。自分たち夫婦と息子さんの家族ともども、一年に何回も参拝の姿をお見かけする。

信心一家であるFさんにも、何も怖いものがないような感じである。

毎日午前中、境内の掃除やお手伝いに来ていただいている神者《かんじゃ》さんは、もう勤続二十年になられるだろうか。八十歳になられたがとてもお元気で、これほど調《ととの》えた方はめずらしいと思うほどのできた方だ。

「神者さんごくろうさんでーす」――「ありがとうございまーす」

「今朝は暑いですね」――「ありがとうございます。ホントに暑いです。あははは」

今は息子さん家族と仲よく暮らしておられる。ご主人も早く亡くされており、つらいこともいっぱいあったはずだが、万事この調子である。

寺はご祈祷などで午前中が特に忙しい。そのため、午前中は神者さんに落葉掃きなどをやってもらっている。私の庭仕事の出番は午後か夕方からになる。それも毎日というわけにはいかず、大変なお世話になっている。

神者さんを必要としている人は他にもたくさんおられる。長年の間に参拝の人とも顔見知りになっておられるからだ。世間話をする人、悩みを相談する人、愚痴を言う人。それらの人たちに、的《まと》を射《い》た短い相槌を上手に打ち、笑いながらうんうんとうなずかれる。時折、明るくはじけるような笑い声が境内のどこかから聞こえてくると、

「あ、また話を聞いてあげておられるな」

と、わかる。

縁日の日の台所のお手伝い、障子張りなどもやっていただく。仕事が昼におよぶ日はいっしょに食事をする。家族同然のおつき合いをさせていただいて、こちらの方がはるかにお世話になっているのだが、神者さんはいつも笑顔、いつも感謝の言葉ばかりだ。

「ここに来させてもらったときから、何の心配もなく今日までやらしていただいとります」

と言われるが、こちらこそと言いたい。

あるとき、年輩の男性が境内で神者さんに話しかけられた。

この男性は、いつものように、

「体がしんどいですわ。足も痛いし……」

と言われた。やさしい神者さんの慰めの言葉を期待しておられたようだった。

しかし、その日の神者さんは少し違った。

「その辺にも花が咲いています。天気もいいし、散歩されたら気持ちがスーとしますよ」

と、笑顔のまま言われたのである。そのとき私は、神者さんのすごさを見た、と思った。

宗団でバス三台を連ねて高野山に団体参拝をしたとき、私は旅の道連れに神者さんを誘った。大伽藍で、母子のように並んで撮った写真がよい記念として残っている。

寺にいつまでも元気に通っていただきたいと願っている。


よくお参りされるA氏も、もう八十歳になっておられるだろうか。

いつも背筋を伸ばし、仕立てのよいスーツとハット、時にはジャケットを着こなしておられる。映画俳優だったのかと思うほど、苦《にが》み走ったダンディーだ。

あるとき、同じくよくお参りされる方が、寺の受所の前でA氏と顔を合わせられた。この方は、A氏に見覚えがあるようだった。

「アッ！　Aさんですね。あのときは助けていただいて本当にありがとうございました」

A氏はあまり記憶がないようだった。いや、あったのかもしれない。

「……二十年ほど前のことですか」

「いえ、四十年ほど前です」

「そうですか。元気にやって下さい」

微笑を浮かべたA氏の口から出た言葉はそれだけだった。そして、姿勢よくゆっくりと歩み去られる後ろ姿を、その方は拝むような面持ちで見送っておられた。映画のワンシーンのようだった。お二人の若い頃、何があったのだろう。


信仰とは、高いお金を出してどこかの団体に入ったりすることではない。

信仰は自分の足元で見つけた智恵にもとづくものである。自分で探してきた花の種が芽を出し開花するのを待つように、身近な諸仏とともに、自分の疑問や確信をゆっくりと育てていく。やがて、祈る自分も祈られる自分も一つになって小さな力となる。疑問は少しずつ解けて、行動に自信がついてくる。そのようにして次第に堅固になった幹からは、最後の最後まで花が咲き続けるのである。

「自分に由《よ》る」のが「自由」である。「他に由《よ》って」いては、いつまでたっても強くなれない。自由な人はたいてい明るく、元気である。

偉い人を探すのに、遠くに行く必要はない。みなさんの身近にもたくさんおられることと思う。

この寺でも、初詣でをはじめ一年に何回かある縁日に、もう何十年もお手伝いに来ていただいている方々がたくさんおられる。みなさん、いつも、「おかげさんです」と言われるが、この寺こそおかげさんで今日がある。普段のときも、ちょうど何かを頼みたい頃に、用はありまへんかと言って立ち寄って下さる。

さっぱりして気持ちよく、思いより先に体が動く。そういう方々ばかりである。

花に学ぶ
――花寺の四季

近くて遠い国、遠くて近い国。

古代においても、ここ丹後地方（京都府北部）はこう呼ばれていた。

平安時代中期の法律書『延喜式』に、「丹後国と都の間は、上りが七日、下りが四日」とある。上りに倍の日数がかかっている。トラックも宅配もない時代、作物や献上品などの品物を都（平安京）に運ぶのは大仕事だが、帰りは徒手《としゅ》で身が軽かったのだろう。

現在では、京都・大阪から、特急でも自家用車でもおよそ三時間である。

北近畿（丹後・但馬）には穏やかな海、海の幸・山の幸、畑の幸・砂丘の幸がある。海水浴もスキーもできる。温泉もいっぱいある。たくさんの緑がある。

今、里山が見直されている。里山は平地から山間部へいたる変化に富んだ場所だ。水も日向も木漏れ日もあり、昆虫や山野草の楽園だ。山菜やキノコも採れる。新緑も紅葉《こうよう》も美しい。里山は、私どもが一息つけるいのちの故郷《ふるさと》のようなところである。

この寺を囲む山に、自生のコバノミツバツツジがたくさん茂っている。これはおしべが十本あるのが特徴で、北近畿に多い落葉性のツツジである。四月、山の斜面はピンクの毛布で覆ったように絢爛豪華となり、参拝されたみなさんは、花のトンネルを歩いて歓声を上げられる。見頃は、四月上旬から中旬だが、年によって時期が多少変化する。この前後、境内では、紅梅・椿・木蓮・桜・石楠花《しゃくなげ》、レンゲツツジも咲く。

さて、この山は自生のツツジ林だからといって、ほってはおけない。「ミニ里山エリア」であるこの散策道周辺も、一年に最低一回は全域の手入れをしないと、他の木々がすぐに大きくなり、ツツジと並び、やがて追い越してしまう。

これらを適度に下刈りしたり、伸び出した木々の小枝を除去したりして、ツツジ林と散策道を維持する。これらは、一年を通して、山の木や草花の位置と生長具合を見ている私の仕事である。

三月の声を聞くと、この小さなエリアに、藪椿・マンサク・サンシュユ・ヒュウガミズキ・馬酔木《あせび》・コブシ・キブシが咲き出す。四月から初夏にかけては、山桜・アオダモ・ガマズミ・ナナカマド・アズキナシ・ネジキ・谷ウツギ・サワフタギ・エゴノキ・ハコネウツギ・クマノミズキ・山法師・ホオノキ・ウノハナなどが次々と素朴な山の花を咲かせる。

面白いことに、これらの山の花木は、三月に咲くマンサク・ヒュウガミズキ・キブシ・サンシュユ、四月のヤマブキが黄色である他は、これ以後、ほとんどが純白である。春から初夏にかけて、強い陽射しが照りつける緑の山腹にあって、白は虫を呼ぶのに最もインパクトのある色のようだ。その中で、四月のミツバツツジのピンクと、五月から六月にかけて咲くヤマツツジの赤は、文字通り異色で目立っている。四月末から咲く谷ウツギもピンクだが、稀《まれ》に白もあるのをご存知だろうか。

丹後の山に自生するミズキ科の落葉低木である花筏《ハナイカダ》は特に興味深い。四月に芽吹く葉の真ん中に小さな花をつける。雌木《めぎ》の花は、五月から六月にかけて緑色の丸い実になり、その後、黒く変色して落ちる。葉っぱの真ん中に黒豆を乗せたような花筏を見ていると、なぜここに、といつも思うのだが、花筏は黙ったままで答えてくれない。

サルトリイバラやヒヨドリジョウゴなどのつる性の植物も味がある。小さなツルアリド

如意寺境内（裏山）から久美浜湾を望む（画・森　要義）

オシは、果実が秋から翌年の花期まで付いているので、〈千両、万両、有り通し〉の三つをいっしょに植えると縁起がいい、という面白い話を聞かせてもらった（正しくは、刺《とげ》が鋭くて固いので蟻通しに由来）。初夏のスイカズラやテイカカズラはよい香りを漂わせてくれる。

山野草にはいろいろな形があって面白い。春一番は、福寿草・ミヤマキケマン・ヤマルリソウ・ショウジョウバカマ・オウレン・ミヤマカタバミなど。ツツジの頃には、トキワイカリソウ・チゴユリ・ホウチャクソウ・エンレイソウ・ニリンソウ・オグルマソウ・ヤマシャクヤク・エビネ・白糸草なども加わる。五月から夏にかけては、タツナミソウ・タムラソウ・トラノオ・キリンソウ・キツネノカミソリなど多数。秋には、カリガネソウ・ツルニンジン・アキギリ・ツリフネソウ・リンドウ・ホトトギスなどがユニークな姿を見せてくれる。落葉樹であるガマズミやナナカマドの赤い実、ヤブムラサキの紫の実も艶々《つやつや》として美しい。

境内の中ほどの小さな不動の滝の壁面には、春にはサンインシロガネソウ、初夏に岩タバコ、秋には大文字草などが咲く。適度な日照と十分な水分の両方が必要な草花たちだ。


花は自分のために咲く。色や形、香り、花弁の模様……。虫や鳥たちに見てもらうために懸命に工夫をこらしている。そして、短い時間を惜しみ、方便をつくして虫を呼び、風を待つ。そのようにして美しく咲いた花を横から見せてもらって、人間は力をもらっている。花にとってよいことは、虫にとってもよく、虫にとってよいことは、人間にとってもよい。人間も虫も花も同じ好みである。われらは文字通り、大地を母としていのちを与えられた同好の同志なのである。まさに「一切衆生《いっさいしゅじょう》」である。

にもかかわらず、昨今、花が早く咲いたと喜ぶ前に温暖化を疑わなければならないのは、憂うべきことである。人間も自然の一部に過ぎないと自認してこそ、大地の上で生存することができる。そのことを忘れてはならないと思う。

花は仏さまの荘厳《しょうごん》であると同時に、花も仏さまそのものである。この世の実相を偽りなく呈示してくれる真実の結晶である。あらゆる自然現象を取り込み、再び、発信する。

どこのお寺を訪ねても、清々しく気持ちがよい。いろいろな花が咲いている。小鳥が鳴いている。静かな庭、古い石段、大きな古木が静かに歴史を刻んでいる。

お寺は浄土でありたいと願う。自分を見つめ、仏に出会う道場として、いろいろな寺へお参りして、心の糸に触れるものを見つけていただきたい。

近くにも植物に詳しい人がたくさんおられる。近隣の友人たちをはじめ、花の好きな参拝の方々から、いろいろな助言のみならず草木の苗をいただくこともある。近くの寺の住職ご夫妻方との茶花談議も勉強になる。特に、農業や植物が専門の方々からは、草木の名前はもちろん、既述の挿話や北近畿の植生のことなど、多くの知識を得させていただいた。山野草の種をいただいたりすることもある。すべての方々にこの場をお借りして、厚くお礼を申し上げたい。

花が降る――自然の気まぐれ？に感動する

哲学者、西田幾多郎は、「花を見ている人は自分も花になっている」と言う。いろいろな花見があると思うが、こういうのが最高の花見かもしれない。

一方、この花は値段が高かったとか、隣家の庭の花よりはましだ、などと言いながら見ているのは頭で見ているだけで、花そのものを見ていないことになる。自分と花の距離は、見た目以上に遠いのである。

イギリスの詩人ワーズワースは、散歩の途中、湖を取りまく黄金の帯となってそよ風に揺れる水仙の大群落に出会い、息が詰まるほど感動した。そして、湧き上がる歓喜とともに、何も考えることなく、ただ花を見つめるばかりだった。その日の光景を思い出すたびに、孤独さえも至福の時となり、空虚な心にも歓びが満ちると、詩人は言っている。

吉野山梢《こずえ》の花をみし日より心は身にもそはずなりにき

風にちる花のゆくへは知らねども惜しむ心は身にとまりけり

これらの歌を詠んだ西行《さいぎょう》は、桜の花にひかれる心を「身」と対比することによって、その思いを明快に表現している。

愁ひつつ丘に登れば花茨《はないばら》

広庭の牡丹や天の一方に

などの蕪村《ぶそん》の句は、かぎりない叙情性や幻想性がある。絵画的で異国風だとも言われている。たしかに、花が最初に目に入ったときの情景や気分がよく出ている。懐かしさや面白さを感じる上に、とても新鮮だ。これらはいずれも私が好きな詩や句である。

私どもの場合でも、感動して真剣に「見る」ときは、対象にかぎりなく近づき、自分のことなどほとんど忘れてしまうようなこともあるのではないだろうか。これらの詩歌の場合も、作った人と対象との強い一体感を感じる。それが、読んで心を動かされる大きな理由の一つであろう。

「見る」とか「存在」とかいうことは、宗教・哲学・科学・芸術などの核心部分である。

相手の中に入り込み、その生命力を失うことなくそのまま直接把握するというベルクソンの「直観」。二元論を、主観・客観以前を摘出することで乗り越えたという先の西田の「純粋経験」。さらに、因果関係を超えて主客全一の立場で世界の真の姿を把握する、とする弘法大師空海の「入我我入」。宗教や哲学の分野だけでもあげればキリがない。

そういう高次元なこととはまったく関係のない話だが、「見る」に関係したことを二つ書かせてもらう。

うちの子どもたちがまだ小学生や保育園児の頃、家族旅行で奈良の大仏さんにお参りしたことがある。

回廊から中の伽藍《がらん》に入ると、百メートルほど先に大仏殿がある。じっとしておられない末っ子は、大きな建物を見て気がはやったのか、私の手を振りほどいて一目散に駆けて行ってしまった。参拝の人も多く、迷子になっては大変と私は小走りに追いかけたが見失った。大仏殿の石段を上りながら、「やれやれまた迷子捜しか」と思った。それまでも、うちの寺の周囲や訪れた観光地などで、何回、子どもたちを捜したことだろう。もう十分慣れてはいたが、あれはとても疲れる。

今回は心配無用だった。息子は建物正面の入り口に突っ立ったまま、身動きもせず声も出さず、ポカンと口を開けて大仏を見上げていた。おかげで難なく捕まえることができた。あのとき、息子は大仏さんと一つになっていたのだろうか。生まれてはじめて見る大仏の大きさに驚き、身も心も大仏さんに吸い込まれていた、という程度の意味なのだが。


ある年の四月、染井吉野《そめいよしの》が熟《う》れたように満開の昼下がりのことだった。その日は曇り空だったが妙に明るく、空気は乾燥していた。境内の半分を埋めたかのようによく咲いた桜のたわわな枝々から、薄ピンク色の花びらが、ゆっくりと、しかも間断なくこぼれていた。桜もそろそろ終わりかなという気配だ。

そのとき、すさまじい突風が境内を襲った。

下から巻いてすくい上げるような一団の風が、幾重にも重なった桜の花の塊の中を突き抜けた。あらかたの花びらをもぎとったかのようなその風は、白い煙に変身し、生きもののようにうねりながら境内中央に進み、それから急カーブして上昇し、見上げる上空で弾《はじ》けた。

私はちょうどその方向に体を向けて、新車のお祓《はら》いをしている最中だった。

私の横に座っておられた願主の方は、その瞬間、弾かれたように立ち上がり、時ならぬ吹雪に向かって合掌し、深々と頭を下げられた。

空中に仕掛けられた薬玉が割れたかのように、白い花びらが雪のように降った。桜の木々もしばし姿を隠したかのようであり、風はもうなかった。読経《どきよう》は終わったが、雪はしばらく降り続いた。短い白昼夢だった。

「イヤー、すごかったですな」

その人は、わずかに白くなった地面に歩み出てあたりを見まわし、背中を向けたままそう言われた。そして、桜の木の向こうに立つ塔に、再び合掌して帰って行かれた。

花見と同じように、花の散り方にもいろいろある。

日々の生活の中でもそうだが、少しずつ変化する真実もあれば、一瞬その姿を見せるだけのものもある。どちらも自然の気まぐれなのだろうか。

ザゼンソウ

六　還っていくところ

宗教的に生きる（一）
——祈りは不可能を可能にする

この項のタイトルを見て、私は何も宗教的に生きるつもりはない、と言われる方がおられるかもしれない。しかし、ここで特にややこしいことを言おうとしているのではない。

宗教というのは知識ではなく、生き方であり行動である。どの宗教、宗派をとってみても、たくさんの書物にいろいろなことが書かれている。しかし、それらを少々知っていても、それで立派な人になったとは言えない。むしろ、田舎のおじいちゃんやおばあちゃんの中に、物事を弁《わきま》えた信心深く立派な人がおられることだって多いのである。自分の苦労は厭わず、率先して人のためになることをし、朝夕、神仏に感謝して生きておられる。このような生き方が、本当に宗教的に生きるということであろう。

そういうことなら、宗教的な生き方は素直で前向きでいいなあ、と思っていただけるのではないだろうか。知識や体験は、ないよりあった方がよい。その方が、より幅広い見方や的確な判断ができるようになる。しかし、本当に大切なのは知識や体験そのものではなく、そこから抽出《ちゆうしゆつ》された人間性や生き方なのである。

一例をあげると、「生死《しようじ》」の問題がある。これに対してもいろいろな考え方がある。まず、死んだら極楽浄土[※1]に行って仏になる、というのがある。浄土にはいろいろな仏さまがおられ、妙《たえ》なる音楽と芳《かんば》しい香りの漂う花園で、病気も悩みもなく暮らすことができる。そのように考えると、死の恐怖はかなり薄らぐように思える。「一度行ってみたい」と思う方もおられると思う。実は、私もかなり心が動いている。

また、死は単なる変化だとするものもある。春に芽が出て、夏に生い茂り、秋に最後の情熱を見てくれと言わんばかりに美しく紅葉し、やがて落葉する木々と同じように。

また、光と闇の喩《たと》えもある。光と闇は同時に存在することはできない。光があるときは闇がなく、闇があるときは光はない。光のない状態が闇であり、闇のない状態が光である。この光と闇という語に、生と死を当てはめればどうなるだろうか。

私どもは、生きている自分のそばに死が来ることを恐れている。しかし、死が来た瞬間にはもはや生は存在しないのだから、少なくとも死の瞬間を恐れる暇はないことになる。ということは、私どもの意識は百%生のみで満たされているわけである。生きているかぎり、あるのは生だけで、死はないのである。これは単なる詭弁《きべん》だと言い切れるだろうか。

また、宇宙空間にあった物質の奇跡的な融合と変化によって生まれた生命。しかし、一つひとつの命はその短い期間を終えて、再び大地へ戻る。永遠に近い繰り返しの中の、針の先程もない短い瞬間の命。目に見える生と死は、大きな〈いのち〉が絶え間なく変化していく状態のほんの瞬間を切り取ったにすぎない。これはすべての命に共通なことで、恐れるような性質のものではない。元々自分がいた、大きな命の輪の中に還っていくだけなのである。なかなか到達できない境地ではあるが、このように考えれば死はもはや死でなくなってしまう。

いずれの考え方をとってもよいと思う。

しかし、知識としてこれらのことを知っていても、それは単なる知識に過ぎない。

改めてこれらの考え方をよくながめてみれば、どの考え方も人生が短いという認識には変わりがないようである。

短くて貴重で、楽しそうで、去りがたい人生。だからこそ、すべてを友として自他の命を大切にしようと考える。そして、今をいっそう充実したものにする。そうすることによって、はじめて知識や理解が人生に生かされる。納得したことが、考え方や生き方を変える。これが、宗教的な生き方ではないだろうか。

人間は、「今を生きる」というかたちでのみ、この世に生きることができる。生きるというのは、過去でも未来でもなく、「今を生きる」ことの連続である。どのように生きるべきか、という問いへの答えはあちこちで学べるが、今どのように生きているかという問いに答えることができるのは、自分だけだ。一瞬一瞬、飛び去ってしまう「今」を、大切にしたいものである。

（二）

何か願いごとをする場合、私どもは先ず願いを思い浮かべる。そして、それがかなうように、生きがいのある人生を送ることができるようにと祈る。自分のためにも人のためにも祈る。家族や友達や会社のため、また、世界平和のお願いもする。

力が足りないと思えば、自分でも努力するし、周りの人たちからももらってくる。そして、自然や神仏からも大きなパワーをいただく。

言い換えれば、自分の向上心や、周囲の人たちへの愛情がなければ祈りは生まれない。祈りは「慈悲と智恵」、すなわち「愛と知」を土台にして、その上に築かれる最高の精神作用だと言われるのは、そういうことであろう。また先に述べたように、宗教は理解や精神作用にくわえて、行動をともなうものなので、祈りは最高の宗教的行為であるということもできる。

その根本には、心も体も前向きに働かせていれば必ず救われるという、この「世界」への深い信頼がある。私どもは、この世は捨てたものではない、と心の中ではわかっているのである。

ところで、ある本に、上智大学のヘルマン・ホイヴェルス神父の書かれた、

神は最後に一番よい仕事を残してくださる

それは祈りだ

手は何もできない

けれども、最後まで合掌できる
　愛するすべてのうえに
　神の恵を求めるために

という詩がある。

最後にできる宗教的行為が、宗教が違っても同じ形だということは興味深いことである。合掌は、人間の本能的な行為なのだろうか。

特に真言宗ではたくさんの合掌の形があって、その一つひとつにいろいろな意味をふくませて祈る。合掌して祈ることは、誰でも、どんなときでも、心を込めてできる人間味あふれた行為なのである。

祈るとき私どもは、願いのうしろにある神仏という大きな存在を、自然に意識するようになる。いつも大きなものを感じて生きていると、心や見方まで大きくなるというおかげもある。

祈りはいろいろな形をとって現れる。祈りは体を動かし、不可能を可能にする。願いをかなえていただける仏は、いつどんな格好をしてどこから来られるのかわからない。もうすでに来ておられるのに、自分が気づいていないだけかもしれない。

救いだと思ったものが、実は悪魔だったりすることもある。見かけに惑わされず、じっくりと判断して自分の願いの成就を確かめたい。

蛇足だが、「修学旅行で、ある有名寺院に行ったとき、柱にペンで名前を書いたけど、バチは当たらなかった」と言う若者がいた。大切な文化財を傷つける行為をしたということが、人間としてすでに大きな罰だということに、彼は気づいていなかったのである。

一方、「人さまに迷惑をかけずにまじめに生きてきたが、あまりいいことがなかった」と言う人がおられるかもしれない。しかし、今日、人さまに迷惑をかけずに、まじめに生きることができるということは、すばらしいおかげではないだろうか。

(三)

人生は短いと言ったが、毎日の生活をコツコツと送る上では、けっこう長い。

物事には二面性がある。私どもはお互いいろいろな関わりを持ちながら、長い人生を歩んでいる。苦労もあるが、最後までそのままということはない。照る日も曇る日もある。

泣いたり笑ったりもする。よいことも悪いこともあってこそ人生である。

変化に富んだこの人生という流れの中で、祈り、努力できることは大きな幸せではないだろうか。祈るとき、私どもはすでに救いの入り口に立っている。そのことを深く感謝したい。

真言宗のご宝号である[※2]「南無大師遍照金剛《なむだいしへんじょうこんごう》」は、深い祈りの言葉でもあると同時に、あるがままに生かされていることへの心からの感謝の言葉である。南無《なむ》とは、信じる相手である仏に帰依《きえ》する、すなわち絶対的な信仰を表すためにお唱えする語である。言葉には不思議な力がある。心を込めて、繰り返しその言葉を口にすれば、思いは情熱となり行動に転じ、やがては天に届くのである。

「今」を大切に生きていれば、いつか必ず願いも真実も芽を吹く。幸福はその道程に現れるものではないだろうか。

※1　阿弥陀仏の住する世界。西方十万億土の彼方の世界。ほとけの悟りの世界を表したものとも考えられる。

※2　浄土系のご名号「南無阿弥陀仏」も、同様の意義を含んでいる。

心の深さは深海のごとし――「全体の中にある自分」を意識しよう

心は深さもその広さも、海に似せて神仏が作られたのだ、という説が昔からある。

空の丸さは幸福の原形である、と書いておられた人がいたし、信仰の美しさは美しい空の記憶だ、と喝破した作家もおられた。そう言われればそんな気がしてくる。

内なる宇宙といわれる体だけではなく、人間の心や感性も大いに大自然の影響下にあるわけである。そういえば、人間が空や海、また夕焼けやさざ波を美しいと感じたり、星空を見上げたり海に潜《もぐ》ったりして感嘆するのは、人間が大地、いや宇宙の落とし子だからに違いない。疲れた心も、手つかずの自然に触れてリセットされる。そして、癒され、再生する。

仏教では、生物も水も岩も、宇宙に存在するものはすべて同じいのちを生きていると考える。三世紀頃、中央アジアでまとめられた『華厳経《けごんきょう》』には、「宇宙の中のすべては互いに交わり合いながら流動しており、一の中に一切《いっさい》を含み、一切の中に一が遍満しており……」※1と書かれている。百数十億年前のビッグバンによって宇宙が始まったということが、ほとんど常識になっている今日では、誰でも「なるほど」と納得できる考え方だ。

ある仏教の本※2に、「世界は一つの真理によって動いているわけなので、この世に余分なものはなく、すべては存在の意味があり、互いに支えあっている。特に人間は、あらゆるものを次々と取り込んで自分のものにして、変化、進展していく。現在の姿がすべてではない。生き、生かされるというが、この二つは同じもので、協力しあって存在している……」という意味のことが書かれている。

仏教と科学は至るところで、よく似た考えを示している。この本は、私が住職になった年、京都峰山の縁城寺の今村純訓師に薦《すす》めていただき、遅ればせながら読ませていただいたものである。

少し飛躍してしまうが、このように考えれば、冒頭のように、生物と無生物の間に類似性があるというのもうなずける。地球誕生は約四十五億年前で、アメーバーのようなものから始まる生命の歴史は、三十数億年といわれている。その後、生命は海から地上に上がり、驚異的な進化を遂げてきた。記憶・理解・判断・想像などの人間の高度な精神作用をあつかう大脳新皮質は、およそ二億年前、人類の祖先にはじめて現れた最も新しい脳であるという。人類は、この新しい部位の力も借りて、すでに存在していた大海をモデルに、心というものをいっそう育み、海の類似品を体の奥深くに作り上げてきたのではないだろうか。そして、その心を、体の暴走を防いで自己を守ったり、豊かな外界と交信する同調機のようなものとして使ってきたのだと思う。

深海探査船のカメラが、次々と映し出してくれる深海の様子を見ていると、いくら探ってもつかみきれない人間の心の奥に分け入っていくような錯覚をおぼえる。

海や宇宙のように、調べても調べてもわかりようのない暗部や神秘をかかえているのが、人間の心である。東洋でも西洋でも、心の問題は多くの立場から深く考察されてきた。説得力ある説は多いが、どれかを決定版にするというものでもない。

この世界には人間の知恵ではわからないことがいっぱいある。科学も仏教も、「すべてが変化し進展していく」ということを、この世界の理《ことわり》としている。すべては変化し、人生は瞬間なのだから、人間に世界のすべてがわかったり、将来が読み切れたり、ということはありえないように思う。現在、宇宙の未来を予測することも不可能だそうだ。この世は不可思議である。だからこそ夢があり面白い。

しかし、わからないことがあるからといって、すぐに神秘主義や不可知論に陥るのは、まったく別の話である。そうではなくて、現実をありのままに見つめ、自分なりに考えてみる。それでもわからないとき、私どもは人智を超えた大きな力への畏敬の念を持ち、しばし立ち止まってみることも必要ではないだろうか。

神仏を信じることとは、神秘的な場合も大いにある。神秘的な体験もある。しかし、決して「神秘主義」そのものではない。オカルトや占いの数々、また不合理な強制をともなう〝宗教〟や〝セミナー〟などに、安易に身を委ねて判断を狂わしてはならないのである。

信じるべきものはもっと大きな神仏であり、宇宙や世界の中にある諸々の真実である。

そして、信じたいもう一つのものが、当てにならないこのちっぽけな自分自身ではないだろうか。若い人だけでなく人生経験のある人でも、人間である以上、判断を誤ることはある。しかし、何かあっても、まずは自分の体験を信頼したいものである。相談くらいならいいが、全面委任はいけない。おかしいと思ったら立ち止まり、自分の感性を信じてやり直す。このような気持ちさえあれば、失敗は何度してもよいのである。

何か行動を起こすとき、自分の内から出てくる力を「功徳力《くどくりき》」という。しかし、自分一人でやったと思ったら大間違いで、周りの人や条件が助けてくれたおかげでもある。周囲から与えられるこの力を「加持力《かじりき》」という。そして、この両者を統一している宇宙（仏）の力を「法界力《ほうかいりき》」と呼ぶ。これらの三つの力を信じ、祈ることによって、充実した人生と平和な世が実現されると仏教（真言宗）では考える。

いざというときにはこの「三力《さんりき》」を頭に思い浮かべて、新たな力を取り戻していただきたいと思う。

「我はほとけなり」

「世界と自己は同一なり」

これらの言葉は、不遜な気持ちや荒唐無稽な考えから出たものではない。むしろ謙虚に、大自然と一体になって生きようという姿勢を表したものである。

このような気持ちでいれば、人間はもっと大らかで明るく、大地も豊かになれるのではないだろうか。

先の本の続きには、次のようなことも書かれている。

「……だから自分の大切さを十分理解して、自分のやるべき使命を実現させるよう努力しなければならない。この力や智恵を、自分の部分的なことを守るために歪曲して使えば、必ず行き詰まることになる」

いろいろな場面で、肝《きも》に銘じたい言葉である。

自分というものは、周りの自然・社会・人から切り離されたものではない。世界はあらゆる面で、網の目のようにつながっている。だから、自分と自分以外のものというように、自他二元的に考えるのでなくて、「他者をふくめた全体の中にある自分」を意識することによって、より円満に自分を成長させることができるのである。

人間同士が接する場合も、自然と向き合う場合も、同じことではないだろうか。

※1　『岩波仏教語辞典』より。『大日経開題』にも同趣旨の記述がある。
※2　栂尾祥雲師『密教思想と生活』（昭和十四年、高野山大学出版部）

飛騨高山を旅して——誰もが行きたくなる場所

ある夏、飛騨《ひだ》の高山に行った。

帰路、西穂高に上り、それから南に下って「せせらぎ街道」を経て、郡上八幡《ぐじょうはちまん》も訪れた。どこもその土地の自然と文化をとても大切にしておられることがよく伝わってきた。

高山では、古い町並みの通りの両側を、冷たそうな水が音を立てて流れていた。木戸を朝顔のつるが飾り、風鈴が揺れ、あちこちの店で観光客のくつろぐ姿が見られた。飛騨という大自然に抱かれたこの町は、日本の故郷《ふるさと》の風景そのものに思えた。

西穂高へ行く途中に露天風呂がある。そそり立つ緑の山を眼前に眺めながら、河原の石の間からふくふくと湧く湯につかると、家に帰ったような気分になる。

郡上八幡では、七月から九月まで、盆踊りが続く。盆提灯が夜を待って一列に並んでいる町並みに、趣《おもむき》だけではなく風格すら感じ、落ち着いた気分になる。道行く人は遠い記憶の世界にタイムスリップする。〝おわら風の盆〟の富山県八尾町や、〝きつね火まつり〟の飛騨古川もここから遠くはない。古くからの伝統でも、新しい試みでも、故郷《ふるさと》を大切にしているものは、誰の胸にも届くのではないだろうか。

どこにでも目立つ特徴があるというわけではない。

福島県のある自称農民陶芸家の方は、「できるだけ地元の土、地元の藁《わら》や草木から、どこにもないここだけの〝もの作り〟をしたい」と、地元に根を張り、いろいろな活動をしておられる。都会からやって来て、はじめて田植えを体験した小学生たちは、素足で歩く泥の意外な暖かさに歓声を上げるそうだ。見過ごしてしまうようなものが、人の熱意とアイデアを得て、新しいものに生まれ変わっている。

ハワイで自分の開いたシーフード店を、大繁昌させている若いアメリカ人のインタビュー番組をテレビでやっていた。ブラブラしていた十代の頃、父親にレストランでのアルバイトを勧められたのが、この道に入るきっかけだった。

たぶん海に面した絶景の場所にレストランがあるのだろうと想像して、記者が探し訪ねると、裏通りの普通の店だった。

「オープンしたとき、友人はみんな場所が悪いと言った。誰もロケーション、ロケーションと言ったが、ここしか手に入らなかった。しかし、レストランは味だ。おいしければ人は来てくれる。味がロケーションなのだ」

味がロケーションとは……。若いオーナーの言葉に、私は驚いた。

北近畿にある但馬の城下町出石《いずし》も、そこに住み、生活をする人たちが智恵を出し合って築いた取り組みの結晶である。二十余年前、二軒だった蕎麦《そば》屋さんが、今、五十軒近い数になっている。古いものと新しいものがよく調和して、どこを歩いても絵になっている。

同じ北近畿の夕日ヶ浦温泉は海岸線が真西を向いているので、一年を通して美しい夕日が見られる。一日の仕事を果たして燃え尽き、海に沈んでいく朱色の夕日。じっと眺めていると、これから束の間の静かな時間を過ごそうとしている自分とどこか似ている。夕日が愛される理由はそんなところにもありそうだ。この町はその夕日をロケーションにしておられる。同じくここから近い天橋立や城崎は、言うまでもない歴史のある立派な観光地である。

長野県飯田市は、新幹線の計画を返上した過去をお持ちらしい。リンゴの並木道は中学生たちの町作りの夢を取り入れたもので、他にも市民の智恵がいろいろと生かされているそうだ。リンゴの並木道の町をローカル線で訪ねる、という素朴さに新鮮なロマンを感じる。

梅干し生産が日本一の人口七千人の和歌山県の村。また、高知県の千人余の村で「ゆず」による村おこしを成功させた例。このような例は、アイデアで頑張っている地方の農業地帯に多いそうだ。農林漁業が人間社会の大本なので、これはとてもよい傾向だと思う。

町おこしとは、ものや味だけでなく、風格でも、癒しでも、ロマンでも、何でも売りにできるものらしい。この町の商工会主催の講演会の話の中で、観光客に来てもらえる条件の一つとして、「他から尊敬を得る努力を」というのがあった。観光とはなかなか奥深いものである。

日本三景、京都・奈良・鎌倉など美しい景色や歴史のある観光地はうらやましいが、誰もが横綱になれるわけではない。それぞれの場で、自分の器を使ってコツコツやるしかない。先の諸例は、みんな苦労されているはずだが、自然体に見えるのがいい。そこにあるものを大切に使っておられるからであろう。

町に人が住むのではない。人が町を作るのであり、その人たちが住むのである。そこに住む人たちの「いい町にしたい」という情熱が、最大のロケーションだと教えられる。

住む人たちの粘り強いこだわりが、厚みのある魅力をつくりだす。自然や生活や歴史と結びついたものは本物のにおいを醸《かも》し出してくれるが、お金だけかけたものは、不思議なことに、かえって安っぽく見える。借り物はやがて返さなければならないが、本物は時間を経るごとに輝きを増す。汗をかき、心あるもてなしをすれば、二度三度とお客さんに来ていただける。再訪していただいてこそ本物である。

私の住む町も、おりしも町村合併という時代を迎え、いろいろな人が協力して頑張っているところである。

その後も私は高山を訪れた。表ばかりでなく裏通りにまで元気を感じて、本物の強さだなあと思った。町全体が森の中に根を下ろした大樹のような印象を受けた。少し遠かったが、来てよかったと思った。

住む人の元気な様子を見て、訪れる人も元気をもらう。そこの住人になったり、物語の主人公になった気分も味わえる。人気のある観光地もお店も宿も、たいていそんな夢舞台を用意していてくれる。

『維摩経《ゆいまきょう》』に出てくる、誰もが行きたいと願い、また、去りがたく思う〈維摩の部屋〉とは、そういう居心地のよい場所ではないだろうか。

蒼々《そうそう》とした田畑の村には、田畑を照らす、みずみずしい光と風がある。

漁村には漁村の、山辺には山辺の村の、きびしくとも爽快な風と光がある。

町には町の、都会には都会の、華やかな光と風がある。

その場所に、何百年、何千年吹き続けてきた風がある。

どこであってもよい。そこに豊かな風景があり、住む人々の明るい笑顔があり、子どもたちの遊ぶ声が聞こえてくるならば、それだけでどれほど楽しいことだろう。

日本中の津々浦々が、元気な故郷《ふるさと》であるように。

あるがままのものが、あるがままであるように。

掃除は布教なり——風景の中に生かされる

「掃除は布教なり」という言葉をはじめて知ったのは、清水寺の森清範貫主の対談記録を読んだときのことで、もうずいぶん前のことになる。

そのときはすぐに、なるほどと思った。寺にかぎらない。掃除がしてある方が、してないより気持ちがよい。気持ちがよい方が人が集まりやすい。寺で法要や行事を行うときでも、人が多い方が効率よく布教できる。だから、「掃除は布教なり」だ。当たり前のことではないか。私はこのように単純に理解して、そのことはほとんど忘れていた。

ある五月の夕方、私はいつものように掃除をするため、本堂の方へ上がって行った。さわさわと風が吹き、まだ伸びきらないもみじの若葉に傾きかけた夕陽が透けている。広場の真ん中あたりに、一人のご婦人が立って周囲を眺めておられた。ご主人らしき人が、すぐ近くに湧き出している眼守護の〈閼伽井《あかい》の水〉を、ビンに汲み終えるのを待っておられる様子だった。

私は軽く会釈をして本堂に入ろうとした。そのとき、

「ご住職」

と、小さな声で呼び止められた。

「こんにちは」

私は挨拶をして、その人と同じ方向を向いて並んで立つと、その人は静かな声で話しかけてこられた。

「お寺や神社というのは、どこに行ってもいいですね。建物も、木も、草花も風情があって。あの茂みも、あの山のあたりも、本当に……」

話される言葉が少しとぎれたので、振り向いてその人の横顔を見た。

するとその人は目に涙を浮かべておられる。泣いておられるようだった。

そのとき、私はハッとした。

「掃除は布教なり」とはこのことだと、何年も前のあの言葉をなぜか一気に思い出したの

である。

話は少し飛躍するかもしれない。

真言宗（密教）には、大自然や宇宙そのもの（大日如来）が説法する、という考え方がある。大地、水の流れ、風の音、鳥のさえずり、咲き乱れる花の形・香り、無数の星、すべては大自然が織りなし語りつぐ宇宙の言葉だと考える。感性するどく、耳を澄ます人にだけ届けられる、真実の世界からのメッセージなのである。

禅宗も、自然そのものが真理だと考える。たとえば、山も一つの真実であるから真理をふくんでいる。だから四季が移れば、それにふさわしい姿を確実に顕《あらわ》してくれる。きびしい現実は、よくも悪くも人間を裏切ることはない。

今回の場合、私はその人に何も話していない。ただ立っていただけだ。それにたとえ何かを言ったとしても、自然の発する真理の言葉にくらべて、私が喋ることにいかほどの意味があろうか。この方は、「風景」の中に何かを感得されたのだと思う。

「景」は舞台である。大地であり岩であり海や川である。その雄大な舞台の上に生じ、刻々と変化する動的なものが「風」である。木も草も、虫や鳥も、風雨も闇や光も、現れては消える大自然のもう一つの側面だ。歴史も文化も人のいとなみも、「景」の上に築かれる「風」なのである。

それらが一つになって「風景」ができる。風景の中でみんな生かされ、影響を与え合うあらゆるものがふくまれている。風土も風習も、風に吹き寄せられてできる砂丘の風紋のように少しずつ形作られてゆく。そして、そこからさまざまな秘密の言葉が発せられる。もう一つある。その風景が壊れていたらどうなるだろう。

ゴミや落ち葉が散らかり、枯れ枝はぶら下がったまま。山肌は大雨や人間によって削られて露出し、壊れた機械が打ち捨てられているとしたら、どうだろう。たとえ本物の山の中でも、これでは困る。杉の林も人が手を入れることによって美林となるように、清々しい自然を土台に、ほんの少し人のいとなみを加えることによって、自然はその輝きをいっそう増す。

その一つが掃除や手入れである。手入れすることによって、風景の持つ本当のよさに少し近づくことができる。

スポーツでも芸事でも、余分なものを落として、その上に、自分がより真実だと考えるものを積み足していくのが修行である。そして、向上した成果を広く人々に示す。掃除とよく似ている。

だから、「掃除は布教なり」だったのである。

自分の部屋を整頓することも、お店を掃除することも同じだ。キャンプでも、僧堂でも、職人さんでも、まず掃除や道具の手入れから始める。

「掃除は布教なり」と言う前に、私の場合は、まだまだ「掃除は修行なり」である。

しかし、元来急げない性質である。ゆっくり歩んでいきたいと思っている。

おわりに

もう少し、早目にまとめたいと思っていたのですが、諸般の都合や私ののんびり性のせいで、新世紀を迎えてしまいました。しかし、新世紀初めの様子をつぶさに見たり考えたりすることができて、かえってよかったのではないかと思っています。

私はこの小著で、文中に登場される方々といっしょに、豊かな心で自信を持って生きることの大切さを、うったえさせていただいたつもりです。

書き終わってから気づいたことがたくさんありました。書くことによって、私が学ばせていただいたことはとても多く、大変ありがたいことでありました。

自然に触れていると、小鳥にも、植物にも、山にもすべてに力強い命の躍動を感じるだけでなく、それらに純粋でひたむきな心があるということも、だんだんとわかってきました。

周りのすべての人・もの・事柄は、万物の調和をはかろうとして現れ出た仏さまなのです。そして、このたくさんの仏さまは、人間を内・外からささえ、時にはいましめてくれます。そのおかげで、私どもは謙虚で、かつ力強く生きることができるのです。

よく言われることではありますが、近頃、実感するようになりました。


今、時代への不安がこれまで以上に語られています。しかし、力を合わせて自然の声に耳を澄ませ、宗教を正しく理解し、人類の智慧を生かすならば、必ず道は開けると私は信じています。

まず、一人ひとりがお互いを尊重する。これは最も大切なことです。

次に、「自我」の確立とか、本当の「自己」を追求するというような問題についても、洋の東西を問わず、宗教は人間の人間らしい存立にとって欠くことができないものだと考えられています。青年期に、自然な形で宗教的なものに触れることは、その後の人格形成に大きな意味があると思うのです。

また、人間の内面に深く関わる問題が多くなっている現代、宗教と諸科学が今まで以上に手を取り合わなければならない場面は、むしろ増えていくのではないでしょうか。

一方、人間はかぎりない欲望を持っています。それは決して悪いことではありません。それが生きるということの根本を意味しています。世界をよりよく知り、心身ともに豊かに成長し、人生を輝かし、大きく生きる。これはすばらしいことです。人間は地球大、宇宙大にも生きることができる大きな力を持った不思議な生命だと言うことができます。そのため、人間は身辺のさまざまな願いを実現しようと、日々、たゆまぬ努力をしているのです。

その上で、最終的にはその願望を、すべての人々、あらゆるいのち、母なる大地に還元されるよう、より清らかなものへと高めていこう、と仏教は言っています。

これもまた、すばらしいことではないでしょうか。仏教にかぎらず、真っ当な宗教はそのような方向を示していると思うのです。

まとめようとするほど、話が大きくなってしまいました。

日々の生活においては、本書で書かせていただいたように、感謝の心を持って、一日一日を大切にしなければならないと、今、改めて感じているところです。

なお、本書をお読みいただいたご感想やご意見をお寄せいただければ、大変ありがたいと思います。どうかよろしくお願いいたします。

文中に登場していただいたたくさんの方々。いろいろご指導いただいた関係諸寺院のご住職様方。今回の上梓を助言したり励ましたりしてくれた友人。不慣れな私を助けて下さった出版社、大法輪閣の小山編集長や本間様をはじめスタッフの方々。その他すべての方々に、最後になりましたが、この場を借りて心より感謝申し上げる次第であります。

合掌

二〇〇二年　初春

如意寺にて　友松　祐也

友松祐也（ともまつ　ゆうや）
昭和23年、京都府久美浜町、如意寺に生まれる。
昭和45年、関西学院大学卒業。京都府立高校で20年教鞭を執り、平成２年退職。平成３年、如意寺住職。寺務に加えて、まちづくり運動、花説法、講演などで活動中。
ＮＨＫラジオ「宗教の時間」出演。
現住所＝京都府京丹後市久美浜町1845
（電話0772-82-0163）

花寺和尚の　心の花が開くとき

平成14年６月10日　第１刷発行Ⓒ
平成18年３月25日　第３刷
平成24年３月15日　第４刷

著者　友　松　祐　也
発行者　石　原　大　道
印刷所　三協美術印刷株式会社
発行所　有限会社　大　法　輪　閣
東京都渋谷区東 2-5-36　大泉ビル
電話　03（5466）1401
振替　00130－8－19番

ISBN4-8046-1184-3　C0015